KHALIL GIBRAN

Abgründe des Herzens

W

KHALIL GIBRAN

Abgründe des Herzens

Walter-Verlag
Olten und Freiburg im Breisgau

Die Texte sind entnommen aus
«Secrets of the Heart»
© 1975 by Philosophical Library, Inc., New York

Die Übersetzung besorgte
Eva Hirsch

2. Auflage 1983

Alle Rechte der deutschen Ausgabe vorbehalten
© Walter-Verlag AG, Olten 1980
Gesamtherstellung in den grafischen Betrieben
des Walter-Verlags
Printed in Switzerland

ISBN 3-530-26724-4

INHALTSVERZEICHNIS

Die Menschen sind Sklaven des Lebens. Sklaverei füllt ihre Tage mit Elend und Qual und überflutet ihre Nächte mit Schmerz und Tränen.

Siebentausend Jahre sind vergangen seit dem Tag meiner ersten Geburt. Seit diesem Tag habe ich die Sklaven des Lebens beobachtet, wie sie ihre schweren Ketten schleppen.

In Ost und West bin ich gewandert, durch Licht und Schatten. Ich habe die Scharen der Zivilisationen gesehen, wie sie sich vom Licht in die Dunkelheit bewegten, und sie alle wurden hinabgezogen zur Hölle von den gedemütigten Seelen, die gebeugt waren vom Joch der Sklaverei. Die Starken sind gefesselt und bezwungen, die Gläubigen liegen auf den Knien in Anbetung ihrer Götzen. Ich bin den Menschen gefolgt von Babylon nach Kairo, von Ain Dur nach Bagdad, und überall habe ich im Sand die Spuren ihrer Ketten bemerkt. Den traurigen Widerhall der unbeständigen Zeit habe ich fort und fort gehört in den Grasländern und Tälern.

Tempel und Altäre habe ich besucht, Paläste betreten und vor Thronen bin ich gesessen. Ich sah, wie der Lehrling für den Handwerker Sklavendienste leistete, der Handwerker für den Dienstherrn, der Dienstherr für den Soldaten, der Soldat für den Regenten, der Regent für den König, der König für den Priester und der Priester für sein Götzenbild... Das Götzenbild aber ist vom Satan aus Ton gefertigt und aufgestellt auf einem Hügel aus Gebein.

Ich habe die Villen der Reichen betreten und war zu Gast in den Hütten der Armen. Ich fand kleine Kinder, die die Milch der Sklaverei an ihrer Mutter Brust tranken, und größere, die zusammen mit dem Alphabet auch Unterwürfigkeit erlernten.

Die Mädchen tragen Kleider von Einschränkung und Widerstandslosigkeit, die Frauen ziehen sich in Tränen auf die Lagerstätten des Gehorsams und der Erfüllung rechtmäßiger Pflichten zurück.

Ich begleitete die Jahrhunderte von den Ufern des Ganges an die Strände des Euphrat, von der Mündung des Nils in die Ebenen Assyriens; von den Kampfplätzen Athens zu den Kirchen Roms, von den Armenvierteln Konstantinopels zu den Palästen von Alexandria... und doch sah ich, wie über allem die Sklaverei hinzog in einer glorreichen und majestätischen Prozession der Unwissenheit. Ich sah, wie die Menschen Jünglinge und Mädchen zu Füßen eines Götzenbildes opferten, und sie nannten es Gott. Wein und Parfüm gossen sie über die Füße des Standbildes, und sie nannten es Königin. Weihrauch verbrannten sie vor dem Abbild des Götzen, und sie nannten es einen Propheten. Sie knieten vor dem

Götzen und beteten ihn an, und sie nannten ihn das Gesetz. Sie kämpften und starben für ihr Idol, und sie nannten es Vaterlandsliebe. Sie unterwarfen sich dem Willen des Götzen, und sie nannten ihn den Schatten Gottes auf Erden. Häuser und Stiftungen wurden zerstört und demoliert, und sie nannten es Brüderlichkeit; sie kämpften, stahlen und arbeiteten für ihr Idol, und sie nannten es Erfolg und Glückseligkeit. Sie töteten um ihres Idoles willen, und sie nannten es Ewigkeit.

Der Götze besitzt viele Namen, aber nur eine Wirklichkeit. Er hat viele Erscheinungsformen und ist doch aus einem Grundstoff. In Wahrheit ist er eine ständige Plage, die von einer Generation an die nächste vererbt wird.

★

Ich habe die blinde Sklaverei gefunden, die die Gegenwart der Menschen mit ihrer Vergangenheit verknüpft und sie dazu drängt, sich den Traditionen und Sitten zu unterwerfen, und damit alte Seelen in neuen Körpern wohnen läßt.

Ich habe die stumme Sklaverei gefunden, die das Leben eines Mannes mit einem ihm verhaßten Weibe verbindet, und die den Leib eines Weibes in das Bett eines verhaßten Mannes legt und damit beider Seelen zerstört.

Ich habe die taube Sklaverei gefunden, die Herz und

Seele erstickt und den Menschen zum leeren Echo einer Stimme herabwürdigt und zu einem bedauernswerten Schatten eines Körpers macht.

Ich habe die lahme Sklaverei gefunden, die den Nakken der Menschen unter die Herrschaft der Tyrannen beugt und starke Körper und schwache Seelen den Söhnen der Habsucht übergibt, als Werkzeuge ihrer Macht.

Ich habe die häßliche Sklaverei gefunden, die mit dem Geist eines Kindes vom weiten Firmament herabsteigt, in ein Haus voll Elend, wo die Not neben der Unwissenheit wohnt und die Demütigung neben der Verzweiflung. Die Kinder wachsen zu elenden Menschen heran, sie leben als Verbrecher und sterben verachtet als zurückgewiesene Geschöpfe.

Ich habe die kunstvolle Sklaverei gefunden, die den Dingen andere Namen gibt – sie nennt Schlauheit Verstehen, Leere Wissen, Schwäche Zartheit und Feigheit heftige Zurückweisung.

Ich habe die verdrehte Sklaverei gefunden, die die Zungen der Schwachen sich in Angst bewegen läßt und macht, daß die Menschen etwas anderes sprechen, als sie fühlen; sie geben vor, über ihr Los nachzudenken, aber sie werden leer wie Säcke, die selbst ein Kind zusammenlegen und aufhängen kann.

Ich habe die gekrümmte Sklaverei gefunden, die ein Volk sich unter Sitten und Gesetze eines anderen beugen läßt, und die Krümmung wird stärker mit jedem Tag.

Ich habe die unaufhörliche Sklaverei gefunden, die
für immer die unschuldigen Söhne von Verbrechern
mit Schmach und Schande brandmarkt.
Wer über die Sklaverei nachsinnt, wird finden, daß
vor allem zwei Kräfte sie kennzeichnen: Dauer und
Ansteckungsgefahr.

★

Als ich es müde wurde, den sich auflösenden Zeiten
zu folgen und die Scharen der versteinerten Men-
schen zu betrachten, wanderte ich einsam in den Tä-
lern, die gefüllt sind mit den Schatten des Lebens, wo
die Vergangenheit sich in ihrer Schuld verhüllt und
die Seele der Zukunft sich zusammenfaltet und zu
langer Rast verweilt. Dort, am Ufer des Flusses voll
Blut und Tränen, der dahinkroch wie eine giftige Vi-
per und sich wand wie die Träume eines Verbrechers,
dort lauschte ich dem angsterfüllten Geflüster der
Sklavenseelen und starrte ins Nichts.
Als Mitternacht herankam und die Geister aus ih-
ren Verstecken hervortraten, sah ich ein toten-
blasses, sterbendes Wesen auf die Knie fallen und den
Mond anstarren. Ich trat hinzu und fragte: «Wie
heißt du?»
«Mein Name ist Freiheit», antwortete dieser grauen-
hafte Schatten eines Leichnams.
Ich fragte weiter: «Wo sind deine Kinder?»
Die Freiheit, tränenüberströmt und schwach, hauch-

te: «Eines starb am Kreuz, eines starb im Wahnsinn und das dritte ist noch nicht geboren.»

Hinkend entfernte sie sich und sprach dabei noch weiter; aber der Schleier vor meinen Augen und die Schreie meines Herzens verdunkelten meine Sinne.

SATAN

Die Menschen betrachteten Vater Samaan als ihren
Führer in geistigen und theologischen Fragen. Er war
eine Autorität und eine Quelle nicht endenwollender
Auskünfte über läßliche und schwere Sünden und
sehr bewandert in den Geheimnissen der Hölle, des
Paradieses und des Fegefeuers.
Vater Samaans Sendung im Nordlibanon ließ ihn von
einem Ort zum anderen wandern; er predigte und
heilte die Menschen von der geistigen Krankheit der
Sünde und errette sie aus den schrecklichen Fallen des
Teufels. Die Fellachen verehrten und achteten diesen
Gottesmann und waren stets bemüht, seinen Rat
oder seine Gebete mit Gold und Silber zu bezahlen.
Bei jeder Ernte gaben sie ihm die besten Früchte ihrer
Felder.
An einem Herbstabend, als Vater Samaan auf dem
Weg zu einem einsamen Dorf Hügel und Täler
durchwanderte, hörte er einen schmerzerfüllten
Schrei aus einem Graben bei der Straße. Als er stehen-
blieb und in Richtung der Stimme blickte, gewahrte
er einen unbekleideten Mann, der am Boden lag. Das
Blut floß in Strömen aus den tiefen Wunden an sei-
nem Kopf und seiner Brust. Sein Stöhnen um Hilfe

war mitleiderregend: «Rettet mich, helft mir. Erbarmt euch meiner, ich sterbe.» Vater Samaan sah bestürzt auf den gequälten Mann und sagte zu sich selber: «Der Mann muß ein Dieb sein. Er hat wahrscheinlich versucht, Wanderer auszurauben, und es ist ihm mißlungen. Ich fürchte, wenn er stirbt, werde ich noch angeklagt, ihn umgebracht zu haben.»

Nach diesen Überlegungen wandte er sich, um seinen Weg fortzusetzen. Aber der Sterbende hielt ihn zurück: «Verlaßt mich nicht! Ich sterbe.» Daraufhin überdachte der Vater die Lage noch einmal und sein Gesicht wurde blaß, als ihm bewußt wurde, daß er Hilfe verweigerte. Seine Lippen bebten, als er zu sich selbst sagte: «Er muß einer von den Narren sein, die durch die Wildnis wandern. Der Anblick seiner Wunden läßt mein Herz erzittern. Was soll ich tun? Ein Heilkundiger der Seele kann wohl keine Wunden des Fleisches heilen?» Vater Samaan tat einige Schritte, als der Halbtote eine schmerzerfüllte Klage ausstieß, die einen Stein erweicht hätte: «Kommt, kommt näher zu mir! Denn wir waren lange Zeit Freunde... Ihr seid Vater Samaan, der gute Hirte, und ich bin weder ein Dieb noch ein Narr. Kommt näher und laßt mich nicht an diesem verlassenen Ort sterben. Kommt und ich will euch erzählen, wer ich bin.»

Vater Samaan näherte sich dem Mann, kniete nieder und sah ihn aufmerksam an; aber er erblickte ein fremdes Gesicht mit widersprüchlichen Zügen. Er sah

14

Intelligenz und Schlauheit, Häßlichkeit und Schönheit, Bosheit und Milde. Er erhob sich, trat einen Schritt zurück und rief aus: «Wer bist Du?»

Mit vergehender Stimme antwortete der Sterbende: «Fürchtet mich nicht, Vater, denn wir waren lange gute Freunde. Helft mir aufzustehen und bringt mich zum nahen Bach und reinigt meine Wunden mit eurem Leinen.» Aber der Vater fragte weiter: «Sagt mir, wer ihr seid, denn ich kenne euch nicht, noch kann ich mich entsinnen, euch je gesehen zu haben.»

Der Mann antwortete mit gequälter Stimme: «Ihr wißt, wer ich bin. Ihr habt mich tausende Male gesehen und jeden Tag sprecht ihr von mir. Ich bin euch näher als euer eigenes Leben.» Der Vater erwiderte: «Ihr seid voll Lüge und Betrug. Ein Sterbender sollte die Wahrheit sagen... Niemals in meinem Leben habe ich euer von Bosheit erfülltes Gesicht gesehen. Sagt mir, wer ihr seid, oder ich werde zusehen, wie ihr umkommt, ertränkt in eurem eigenen, entfliehenden Leben. Da bewegte sich der Verwundete langsam, sah in die Augen des Gottesmannes, und auf seinen Lippen lag ein geheimnisvolles Lächeln. Mit ruhiger, tiefer, sanfter Stimme sagte er: «Ich bin Satan!»

Als er das furchtbare Wort vernahm, stieß Vater Samaan einen schrecklichen Schrei aus, der in den Weiten des Tales widerhallte. Dann starrte er den anderen an und bemerkte, daß der Körper des Sterbenden mit seinen grotesken Verrenkungen dem Abbild Satans auf einem der religiösen Bilder der Dorfkirche sehr ähnlich war. Er erzitterte und rief aus: «Gott hat mir dein höllisches Bild gezeigt und zu Recht bewirkt, daß ich dich hasse. Sei für immer verflucht! Der Hirte muß das kranke Lamm schlachten, auf daß es die anderen nicht anstecke!»

Der Teufel antwortete: «Sei nicht so eilig, Vater, und verlier nicht kostbare Zeit mit leerem Gerede. Komm schnell und schließ meine Wunden, bevor das Leben aus meinem Körper entwichen ist.» Der Gottesmann antwortete: «Die Hände, die Gott täglich ein Opfer darbringen, sollen nicht einen Leib berühren, der der Ausfluß der Hölle ist. Du mußt sterben, verflucht von allen Zungen durch die Jahrhunderte. Fluchen sollen dir die Menschen, denn du bist der Feind der Menschheit, und es ist dein erklärtes Ziel, alle Tugend zu zerstören.»

Der Teufel wand sich vor Qual, stützte sich auf einen Ellbogen und erwiderte: «Du weißt nicht, was du sagst, noch begreifst du das Verbrechen, das du auf dich nimmst. Sei auf der Hut; schenk mir deine Aufmerksamkeit, denn ich will dir meine Geschichte erzählen. Ich wanderte heute allein in diesem abgeschiedenen Tal. Als ich an diese Stelle kam, stieg eine Gruppe Engel herab, um mich anzugreifen, und verletzte mich schwer. Wenn nicht der eine dabeigewesen wäre, der mit dem Flammenschwert mit den zwei scharfen Enden, ich hätte sie in die Flucht geschlagen, aber ich hatte keine Macht gegen dieses

Schwert.» Der Teufel hielt einen Augenblick in seiner Erzählung inne und preßte seine zitternde Hand auf eine Wunde an seiner Seite. Dann fuhr er fort: «Der bewaffnete Engel – ich glaube, es war Michael – war ein erfahrener Gladiator. Hätte ich mich nicht auf den freundlichen Boden geworfen und vorgegeben, erschlagen zu sein, er hätte mich bis zum grausamen Tod zerrissen.»

Mit triumphierender Stimme, die Augen dem Himmel zugewandt, betete der Vater: «Gesegnet sei der Name Michaels, der die Menschheit von diesem bösen Feind befreit hat.»

Aber der Teufel protestierte: «Mein Menschenhaß ist nicht größer als deine eigene Geringschätzung. Du lobst Michael, der nie kam, um dich zu retten. Du verfluchst mich in der Stunde meiner Niederlage, obwohl ich immer die Quelle deiner Ruhe und deines Glückes war. Du verweigerst mir deinen Segen und deine Freundlichkeit, dennoch lebst und gedeihst du im Schatten meiner Existenz. Meine Existenz liefert dir sowohl Rechtfertigung als auch Waffen für deinen Lebensweg, und meinen Namen verwendest du als Begründung für deine Taten. Hat nicht meine Vergangenheit bewirkt, daß du mich jetzt und in Zukunft brauchst? Hast du dein Ziel erreicht im Ansammeln des gewünschten Reichtums? Hast du es am Ende unmöglich gefunden, noch mehr Gold und Silber von deinen Anhängern zu erhalten, indem du mein Reich als Drohung verwendest?

Hast du noch nicht begriffen, daß du verhungern müßtest, wenn ich tot wäre? Was würdest du morgen tun, wenn du mich heute sterben läßt? Welcher Berufung würdest du folgen, wenn mein Name verschwunden wäre? Jahrzehntelang bist du durch diese Dörfer gewandert und hast die Menschen davor gewarnt, in meine Hände zu fallen. Sie haben deinen Rat gekauft mit ihren armen Denaren und den Früchten ihres Landes. Was sollten sie morgen bei dir erstehen, wenn sie begreifen, daß ihr böser Feind nicht mehr existiert? Dein Beruf ginge mit mir dahin, wenn die Menschen vor Sünde gesichert wären. Als Priester begreifst du nicht, daß nur die Existenz Satans seine Feindin, die Kirche, erschaffen hat? Dieser alte Konflikt ist die geheime Hand, die Gold und Silber aus den Taschen der Gläubigen zieht und es für immer im Beutel der Prediger und Missionare verschwinden läßt. Wie kannst du zulassen, daß ich hier sterbe, wenn du weißt, daß du damit deinen Ruf, deine Kirche und deinen Lebensunterhalt verlierst?»

★

Der Teufel verstummte für einen Augenblick, seine Unterwürfigkeit verwandelte sich in Zuversicht, und er fuhr fort: «Vater, du bist stolz, aber unwissend. Ich will dir die Geschichte des Glaubens enthüllen, in der du die Wahrheit finden sollst, die unser beider Wesen zusammenfügt und meine Existenz mit deiner verbindet.

In der ersten Stunde, am Beginn der Zeiten, stand der Mensch vor dem Angesicht der Sonne, streckte ihr seine Arme entgegen und rief zum erstenmal: Hinter dem Himmel ist ein großer, liebender, gütiger Gott. Dann wandte der Mensch dem großen Lichtkreis seinen Rücken, erblickte seinen Schatten auf der Erde und rief aus: In den Tiefen der Erde ist ein dunkler Teufel, der das Böse liebt.

Darauf ging der Mensch zu seiner Höhle und flüsterte vor sich hin: Ich stehe zwischen zwei unwiderstehlichen Kräften. Bei einer muß ich Zuflucht nehmen, gegen die andere muß ich kämpfen. Die Zeiten gingen dahin, der Mensch lebte zwischen den beiden Mächten, die eine segnete er, denn sie erhöhte ihn, die andere verfluchte er, denn sie verursachte ihm Furcht. Niemals aber begriff er den Sinn von Fluch und Segen. Er stand zwischen beiden wie ein Baum zwischen dem Sommer, in dem er grünt, und dem Winter, in dem er friert.

Als der Mensch die Zivilisation heraufdämmern sah, begann er, nach seinem menschlichen Verstand Familien zu gründen. Darauf folgte die Sippe, in der man die Arbeit nach Fähigkeit und Talent aufteilte. Der eine Stamm bepflanzte das Land, der andere baute Wohnstätten, der dritte fertigte Gewänder oder ging auf die Jagd. Dann erschien die Kunst des Wahrsagens auf der Erde, und das war der erste Beruf des Menschen, der jeder wirklichen Notwendigkeit entbehrte.»

Der Teufel hielt einen Augenblick inne in seiner Rede. Dann lachte er, und seine Heiterkeit ließ das leere Tal erbeben. Aber sein Lachen brachte ihm seine Wunden in Erinnerung, und er legte seine Hand auf seine Seite und litt an seinen Schmerzen. Er stützte sich auf und fuhr fort: «Die Gabe der Weissagung erschien auf der Erde und trieb seltsame Blüten.

Im ersten Stamm gab es einen Mann, den sie La Wiss nannten. Der Ursprung des Namens ist mir unbekannt. Er war ein intelligentes Geschöpf, aber äußerst faul, und Arbeit wie Ackerbau oder Häuserbauen oder Viehhüten oder jede andere Tätigkeit, die mit körperlicher Arbeit oder Anstrengung zu tun hatte, war ihm zuwider. Weil man aber zu dieser Zeit Essen nur durch harte Arbeit bekommen konnte, mußte La Wiss viele Nächte mit leerem Magen schlafen.

An einem Sommerabend, als die Mitglieder des Stammes bei der Hütte ihres Ältesten versammelt waren, das Ergebnis des vergangenen Tages besprachen und die Nacht herannahte, sprang plötzlich einer von ihnen auf, zeigte auf den Mond und rief aus: ‹Seht den Gott der Nacht! Sein Angesicht ist dunkel, seine Schönheit verschwunden. Er hat sich in einen schwarzen Stein verwandelt, der an der Himmelskuppel hängt!› Die Menge starrte den Mond an, stumm vor Ehrfurcht. Die Menschen wurden vor Furcht geschüttelt, als ob die Krallen der Finsternis nach ihren Herzen gegriffen hätten: sie sahen, wie der Gott der Nacht sich langsam in einen dunklen Ball verwandelte, das helle Angesicht der Erde sich veränderte, und wie Hügel und Täler vor ihren Augen hinter einem schwarzen Schleier verschwanden.

In diesem Augenblick trat La Wiss hervor – er hatte schon eine Mondfinsternis gesehen und wußte, welch einfache Begründug es dafür gab – aber er war fest entschlossen, seine Chance zu nützen. Er stand in der Mitte der Schar, hob seine Hände zum Himmel und sprach mit lauter Stimme: ‹Kniet nieder und betet, denn der böse Gott der Finsternis liegt im Kampf mit dem hellen Gott der Nacht. Wenn der böse Gott die Oberhand gewinnt, werden wir alle umkommen, aber wenn der Gott der Nacht gewinnt, werden wir am Leben bleiben. Betet mit Inbrunst… bedeckt eure Gesichter mit Erde… schließt eure Augen und erhebt eure Gesichter nicht zum Himmel, denn wer Zeuge des Kampfes der Götter ist, wird Augenlicht und Verstand verlieren; Blindheit und Wahnsinn werden ihn begleiten ein Leben lang. Neigt eure Köpfe tief zur Erde, und mit eurem ganzen Herzen unterstützt den Gott der Nacht gegen seinen Feind, der auch der unsere ist!›

La Wiss fuhr fort, auf diese Art zu sprechen und gebrauchte viele geheimnisvolle Worte, die er selbst erfunden und die die anderen niemals gehört hatten. Nach diesem ausgeklügelten Betrug – der Mond war wieder herrlich anzusehen wie zuvor – erhob er seine Stimme noch lauter und sagte in eindrucksvollem Ton: ‹Erhebt euch und blickt auf den Gott der

Nacht, der über seinen bösen Feind triumphiert hat. Nun setzt er seinen Gang am Sternenhimmel fort. Seid euch bewußt, daß ihr ihm durch euer Gebet geholfen habt, den Teufel der Finsternis zu überwinden. Darum scheint er heller als je zuvor.›

Die Menge erhob sich und starrte den Mond an, der in großer Helligkeit erstrahlte. Ihre Angst verwandelte sich in Ruhe, und ihre Verwirrung wurde zur Freude. Sie begannen zu tanzen und zu singen, sie schlugen mit Stäben auf Metall und erfüllten das ganze Tal mit ihrem Gesang und Geschrei.

In dieser Nacht rief der Stammesälteste La Wiss zu sich und sagte zu ihm: ‹Du hast etwas getan, das kein Mensch vor dir getan hat. Du hast gezeigt, daß du um verborgene Geheimnisse weißt, die keiner von uns versteht. Im Einverständnis mit dem Willen meiner Leute sollst du nach mir der Ranghöchste im Stamm sein. Ich bin der Stärkste, du bist weise und gelehrt. Du bist der Mittler zwischen unseren Leuten und den Göttern, du sollst uns ihr Begehren und ihr Verhalten deuten, und du wirst uns lehren, was wir tun müssen, um den Segen und die Liebe der Götter zu bewahren!›

La Wiss versicherte ihm in seiner durchtriebenen Art: ‹Alles, was der Gott der Menschen mir in meinen überirdischen Träumen enthüllt, werde ich euch übermitteln im Zustand des Wachens und ihr könnt versichert sein, daß ich als Mittler zwischen Gott und euch wirken werde.› Der Älteste war es zufrieden, gab La Wiss zwei Pferde, sieben Kälber, siebzig Schafe und siebzig junge Lämmer und sprach zu ihm: ‹Die Männer des Stammes sollen für dich ein starkes Haus bauen, und von jeder Ernte werden sie dir einen Teil der Feldfrüchte abtreten, auf daß du als ehrenwerter und geachteter Meister leben kannst.›

La Wiss erhob sich, um sich zu entfernen, aber der Älteste hielt ihn zurück und sagte: ‹Wer und was ist der eine, den du Gott der Menschen nennst? Wer ist dieser verwegene Gott, der mit dem glorreichen Gott der Nacht ringt? Wir haben nie über ihn nachgedacht!› La Wiss strich sich über die Stirne und antwortete ihm: ‹Mein verehrter Meister: in alten Zeiten, vor der Erschaffung des Menschen, lebten alle Götter friedlich zusammen in einer Welt hinter der Weite der Sterne. Der Gott der Götter war ihr Vater, er wußte, was sie nicht wußten, und tat, was sie nicht vermochten. Und er behielt die göttlichen Geheimnisse, die über allen ewigen Gesetzen waren, für sich. In der siebenten Epoche des zwölften Zeitalters erhob sich der Geist Bahtaars, der den großen Gott haßte, gegen seinen Vater, und er sagte: Warum behältst du Macht und Autorität über alle Wesen für dich und verbirgst vor uns die Geheimnisse und Gesetze des Universums? Sind wir nicht deine Kinder, die an dich glauben und mit dir Verstehen und ewiges Sein teilen?

Der Gott der Götter entbrannte in Wut und sagte: Ich werde die oberste Gewalt, die höchste Machtbefugnis und die wesentlichsten Geheimnisse für mich behalten, denn ich bin der Anfang und das Ende!

Darauf erwiderte Bahtaar: Wenn du nicht Macht und Stärke mit mir teilst, werden ich und meine Kinder und Kindeskinder in Rebellion gegen dich aufstehen! In diesem Augenblick erhob sich der Gott der Götter auf seinem Thron im hohen Himmel, er zog das Schwert, griff nach der Sonne als Schild und mit einer Stimme, die die Ewigkeit erschütterte, rief er aus: Steige hinab, du elender Rebell, in die traurige Unterwelt, wo Dunkelheit und Elend herrschen. Das soll dein Exil sein, bis die Sonne zu Asche wird und die Sterne sich in kleinen Teilchen versprühen. In dieser Stunde sank Bahtaar von der oberen Welt in die untere, wo die bösen Geister hausen. Daraufhin schwor er beim Geheimnis des Lebens, daß er seinen Vater und seine Brüder bekämpfen und jede Seele, die sie liebte, in eine Falle locken wolle!›

Als der Älteste das hörte, umdüsterte sich seine Stirn und sein Gesicht wurde blaß. Er meinte vorsichtig: ‹Dann ist Bahtaar der Name des bösen Gottes?› La Wiss gab zur Antwort: ‹Sein Name war Bahtaar, als er noch der oberen Welt angehörte, aber als er die untere Welt betrat, nahm er der Reihe nach folgende Namen an: Baalzabul, Satanail, Balial, Zamiel, Ahriman, Mara, Abdon, Teufel und schließlich Satan, welcher der berühmteste Name von allen ist.›

Der Älteste wiederholte das Wort ‹Satan› mehrere Male mit bebender Stimme, die klang wie das Rascheln trockener Blätter, durch die der Wind fährt. Dann sagte er: ‹Warum haßt Satan Menschen und Götter gleichermaßen?›

La Wiss antwortete eilfertig: ‹Er haßt die Menschen, denn sie sind Nachkommen der Brüder und Schwestern Satans.› Da rief der Älteste aus: ‹Dann ist Satan ein direkter Verwandter der Menschen!› Mit einer Stimme, in der Verwirrung und Ärger sich mengten, gab La Wiss zurück: ‹Ja Meister, aber er ist ihr großer Feind, der ihre Tage mit Elend erfüllt und ihre Nächte mit schrecklichen Träumen. Er ist die Macht, die den Sturm zu ihren Hütten lenkt, Trockenheit auf ihre Felder bringt und Krankheit über sie und ihre Tiere. Er ist ein böser und zugleich mächtiger Gott. Er ist gemein, er freut sich, wenn wir Kummer haben, und trauert, wenn wir glücklich sind. Wir müssen ihn unter Zuhilfenahme meines Wissens genau beobachten, um seiner Bosheit zu entkommen. Wir müssen sein Wesen studieren, damit wir nicht seinen mit Fallen versehenen Weg gehen.›

Der Älteste lehnte seinen Kopf an seinen dicken Stab und sagte flüsternd: ‹Ich habe jetzt das Geheimnis der seltsamen Macht begriffen, die den Sturm auf unsere Häuser lenkt und Pest und Krankheit über uns und unsere Herden bringt. Meine Leute sollen alles erfahren, was ich jetzt weiß. La Wiss sei gesegnet, geehrt und verherrlicht dafür, daß er ihnen das Geheimnis ihres mächtigen Feindes enthüllt hat und sie von der Straße des Bösen wegführt.›

La Wiss verließ den Stammesältesten und zog sich in seine Höhle zurück, glücklich über seinen Erfindungsreichtum und trunken vom Wein seines Vergnügens und seiner Phantasie. In dieser Nacht schliefen der Älteste und sein ganzer Stamm, mit Ausnahme von La Wiss, zum ersten Mal einen Schlaf, der erfüllt war von schrecklichen Geistern, angsterregenden Gespenstern und unruhigen Träumen.»

★

Der Teufel hielt einen Augenblick inne und Vater Samaan sah ihn verwirrt an. Auf Vater Samaans Lippen erschien das krankhafte Lächeln des Todes. Dann fuhr der Teufel fort: «So kam die Gabe der Weissagung auf die Erde, und meine Existenz war der Grund für ihr Erscheinen. La Wiss war der erste, der meine Grausamkeit zu seiner Berufung machte. Nach dem Tode von La Wiss wurde dieser Beruf von seinen Kindern weitergegeben und hörte nicht auf zu gedeihen, bis er ein ordentlicher und göttlicher Beruf war, der von jenen ergriffen wurde, deren Geist reich an Wissen ist, deren Seelen vornehm und deren Herzen rein sind, und deren Phantasie keine Grenzen kennt.

In Babylon verneigten sich die Menschen siebenmal in Verehrung vor einem Priester, der mich mit seinen Gesängen bekämpfte. In Ninive betrachteten sie einen Mann, der behauptete, mein Geheimnis zu kennen, als goldene Brücke zwischen Gott und den Menschen. In Tibet nannten sie jemanden, der mit mir stritt, Sohn der Sonne und des Mondes. In Byblos, Ephesos und Antiochia brachten sie die Leben ihrer Kinder meinen Widersachern zum Opfer. In Jerusalem und Rom legten sie ihr Leben in die Hände derer, die behaupteten, mich zu hassen, und sie bekämpften mich mit allen Mitteln.

In jeder Stadt unter der Sonne war mein Name der Mittelpunkt jedes Kreises, der sich mit Religion, Kunst oder Philosophie befaßte. Wäre ich nicht gewesen, es wären weder Tempel erbaut, noch Türme und Paläste errichtet worden. Ich stehe hinter dem Mut, der die Menschen zu Entscheidungen treibt. Ich bin Satan auf ewig. Ich bin Satan, den die Menschen bekämpfen, um selbst am Leben zu bleiben. Falls sie aufhören sollten, gegen mich zu streiten, wird Trägheit ihren Geist und ihre Seele ersticken, wie es die grausigen Strafen ihrer gewaltigen Mythen bestimmen.

Ich bin der wütende und stumme Sturm, der Geist und Seele der Menschen beunruhigt. Aus Angst vor mir suchen sie eigene Orte des Gebetes auf, um mich zu verdammen, oder Orte des Lasters, um mich durch ihre Unterwerfung zu beglücken. Der Mönch, der in der Stille der Nacht betet, um mich von seinem Bett fernzuhalten, gleicht der Dirne, die mich in ihre Kammer einlädt. Ich bin Satan auf immer und ewig.

Ich bin der Erbauer von Klöstern und Konventen auf den Grundmauern der Angst. Ich errichte Schnapsbuden und Freudenhäuser auf den Grundmauern der Lust und Selbstgefälligkeit. Wenn ich aufhöre zu existieren, werden Angst und Freude in der Welt abgeschafft sein und durch ihr Verschwinden werden Wünsche und Hoffnungen aufhören, des Menschen Herz zu bedrängen. Das Leben wird leer und kalt sein, wie eine Harfe mit gerissenen Saiten. Ich bin Satan auf ewig.

Ich bin das Urbild von Falschheit, Verleumdung, Verrat, Betrug und Spott. Aber wenn diese Elemente aus der Welt geschafft würden, würde sich die menschliche Gesellschaft in ein leeres Feld verwandeln, auf dem nichts gedeiht außer den Dornen der Tugend. Ich bin Satan auf ewig.

Ich bin Vater und Mutter der Sünde, aber wenn die Sünde verschwindet, würden auch die Streiter wider die Sünde verschwinden, zusammen mit ihren Familien und Gemeinschaften.

Ich bin das Kernstück von allem Bösen. Willst du wirklich, daß das menschliche Leben zusammen mit meinen Herzschlägen zum Stillstand kommt? Bist du bereit, das Ergebnis hinzunehmen, wenn du die Ursache zerstört hast? Ich bin die Ursache! Wirst du zulassen, daß ich in dieser verlassenen Wildnis verende? Willst du wirklich das Band durchtrennen, das uns zusammenhält? Antworte mir, Gottesmann!»

Der Teufel streckte seine Arme aus, beugte seinen

Kopf nach vorne und atmete schwer. Sein Gesicht wurde grau und er ähnelte den ägyptischen Statuen, die, von den Zeiten verwüstet, an den Ufern des Nils liegen. Dann heftete er seine glitzernden Augen auf Vater Samaans Gesicht und sagte mit vergehender Stimme: «Ich bin schwach und müde. Es war falsch, meine vergehenden Kräfte dafür zu verwenden, dir Dinge zu sagen, die du ohnehin schon wußtest. Du kannst jetzt tun, wie es dir beliebt. Du kannst mich nach Hause tragen und meine Wunden behandeln, oder mich hier dem sicheren Tod überlassen.»

Vater Samaan zitterte und rieb unruhig seine Hände, und mit entschuldigender Stimme sagte er: «Ich weiß jetzt, was ich vor einer Stunde noch nicht wußte. Ich weiß, daß. dein Vorhandensein in dieser Welt die Versuchung hervorbringt, und Versuchung ist ein Maß, mit dem Gott den Wert der menschlichen Seele mißt. Sie ist eine Waage, die Gott gebraucht, um die Seelen zu wägen. Ich bin sicher, daß mit deinem Tod auch die Versuchung stirbt, und damit würde der Tod die beste Kraft zerstören, die die Menschen emporhebt und wachsam erhält.

Du mußt leben, denn wenn du stirbst und die Menschen erfahren davon, wird ihre Angst vor der Hölle verschwinden, sie würden aufhören, Gott anzubeten, denn es gäbe keine Sünde mehr. Du mußt leben, denn dein Leben bedeutet die Errettung der Menschheit von Laster und Sünde.

Und was mich anlangt, so will ich meinen Haß für

dich auf dem Altare meiner Liebe zu den Menschen zum Opfer bringen.»

Der Teufel stieß ein Lachen aus, das die Erde erschütterte und sagte: «Was für ein kluger Mensch bist du doch, Vater. Welch hervorragendes Wissen besitzt du auf dem Gebiet der Theologie! Kraft deines Wissens hast du einen Grund für meine Existenz gefunden, den ich nie begriffen habe, und jetzt verstehen wir, daß wir einander brauchen.

Komm näher zu mir, mein Bruder. Die Dunkelheit senkt sich auf die Ebene, die Hälfte meines Blutes ist in den Sand dieses Tales geflossen, und nichts ist von mir geblieben, als die Reste eines zerstörten Körpers, den der Tod bald in Besitz nehmen wird, es sei denn, du leistest schnelle Hilfe.» Vater Samaan rollte die Ärmel seines Gewandes hoch, hob den Teufel auf seinen Rücken und machte sich auf den Weg in Richtung seines Heimes.

★

Inmitten dieser Täler, erfüllt von Stille und geschmückt im Schleier der Dunkelheit, wanderte Vater Samaan seinem Dorfe entgegen, den Rücken gebeugt unter seiner schweren Last. Sein schwarzes Gewand und sein langer Bart waren blutbespritzt, Blut rann an ihm hinunter, aber er ging weiter, während sich seine Lippen in inbrünstigem Gebet bewegten, um das Leben des sterbenden Satan zu retten.

JOHANNES DER NARR

Im Sommer ging Johannes jeden Morgen aufs Feld, trieb seine Ochsen vor sich her, trug seinen Pflug über der Schulter und lauschte dem beruhigenden Gesang der Vögel und dem Rauschen der Blätter und der Gräser.

Mittags saß er neben einem Bach im hohen Gras, ruhte sich aus und ließ ein paar Krümelchen für die Vögel des Himmels herabfallen.

Zur Abendzeit kehrte er in seine armselige Hütte zurück, die in einiger Entfernung von den Siedlungen und Dörfern des Nordlibanons stand. Nach dem Abendbrot saß er und hörte aufmerksam seinen Eltern zu, die Geschichten längst vergangener Zeiten erzählten, bis der Schlaf kam und ihm die Augen zufielen.

Im Winter verbrachte er die Tage beim offenen Feuer und lauschte dem Heulen des Windes und dem Klagen der Elemente. Er dachte über das Wunder der Jahreszeiten nach, sah durch das Fenster auf die schneebedeckten Täler und kahlen Bäume, die ihm wie eine Ansammlung leidender Menschen erschienen, die hilflos in die Klauen des beißenden Frostes und des starken Windes gefallen waren.

Während der langen Winterabende blieb er auf, bis seine Eltern schlafen gegangen waren. Dann öffnete er einen einfachen Holzkasten, nahm sein Neues Testament heraus und las es heimlich im matten Licht einer flackernden Lampe. Die Priester wollten nicht, daß die Bibel gelesen wurde, und Johannes ließ während dieser faszinierenden Augenblicke große Vorsicht walten. Die geistlichen Väter warnten die einfachen Leute vor dem Gebrauch der Bibel und drohten, sie aus der Kirche auszuschließen, wenn es entdeckt würde, daß jemand die Bibel besaß.

So verbrachte Johannes seine Jugend zwischen Gottes schöner Natur und dem Neuen Testament, voll Licht und Wahrheit. Johannes war ein stiller Jüngling, der viel nachdachte. Er hörte den Gesprächen seiner Eltern zu, nie äußerte er dabei ein Wort oder stellte eine Frage. Wenn er mit Gleichaltrigen zusammensaß, richtete er seinen Blick auf den Horizont, und seine Gedanken waren weit weg wie seine Augen. Nach jedem Besuch in der Kirche kam er niedergeschlagen nach Hause, denn die Lehren der Priester waren anders als die Gebote, die er in den Evangelien fand, und das Leben der Gläubigen glich nicht dem herrlichen Leben, von dem Christus sprach.

*

Der Frühling kam, der Schnee zerging auf den Feldern und in den Tälern. Der Schnee auf den Bergeshöhen schmolz langsam und bildete Bäche, die in vielen, vielen Windungen zu Tale flossen, wo sie sich zu einem großen Strom vereinten, dessen Rauschen das Erwachen der Natur verkündete. Apfelbäume und Mandelbäume standen in voller Blüte. Weiden und Pappeln waren übersät mit Knospen, und die Natur breitete ihr fröhliches und farbenprächtiges Gewand über das Land.

Johannes war der Tage neben dem offenen Feuer überdrüssig geworden. Da er wußte, daß sich seine Ochsen nach den Weiden sehnten, ließ er seine Tiere aus dem Stall und führte sie auf die Felder. Unter seinem weiten Mantel versteckte er das Neue Testament. Er kam zu einem schönen Hain, der an einige Felder anschloß, die zum St.-Elias-Kloster gehörten, das majestätisch auf einem Hügel in der Nähe stand. Als die Ochsen zu grasen begannen, lehnte sich Johannes an einen Felsen, begann sein Neues Testament zu lesen und über die Traurigkeit der Kinder Gottes auf Erden und die Schönheit des himmlischen Königreiches nachzudenken.

Es war der letzte Tag der Fastenzeit. Die Dorfbewohner, die kein Fleisch aßen, erwarteten mit Ungeduld das nahende Osterfest. Johannes, wie auch die anderen Fellachen, machte nie einen Unterschied zwischen der Fastenzeit und den andern Tagen des Jahres: sein ganzes Leben war ein einziges andauerndes Fasten, seine Nahrung bestand stets nur aus einfachem Brot, geformt im Schweiße seines Angesichtes, oder aus Früchten, die erkauft waren mit harter körperlicher Arbeit. Die einzige Nahrung, nach der Johannes sich in der Fastenzeit sehnte, war eben geistige Nahrung, himmlisches Brot, das traurige Gedanken an die Tragödie des Menschensohnes und das Ende seines Erdenlebens heraufbeschwor.

Die Vögel sangen und schwebten am Himmel, die Tauen zogen ihre Kreise, während sich die Blumen im Winde wiegten, wie belebt vom hellen Sonnenschein.

Johannes war ganz versunken in sein Buch. Zwischen diesen intensiven Perioden voller Erkenntnisse betrachtete er die Kuppeln der Kirche des nahen Dorfes und lauschte dem rhythmischen Läuten der Glocken. Von Zeit zu Zeit schloß er seine Augen und flog in seinen Träumen ins alte Jerusalem. Dort wandelte er auf den Spuren Christi und fragte die Bewohner der Stadt nach dem Nazarener. Das waren die Antworten, die man ihm gab: «Hier heilte er einen Gelähmten und gab den Blinden das Augenlicht zurück. Dort wand man ihm eine Dornenkrone und krönte ihn damit. Von dieser Säulenhalle aus sprach er zur Menge in wundeschönen Gleichnissen. In diesem Palast fesselten sie ihn an eine Marmorsäule und geißelten ihn. Auf dieser Straße vergab er der Ehebrecherin ihre Sünden, und an diesem Ort fiel er unter dem Gewicht seines Kreuzes.»

★

Eine Stunde verging: Johannes erlitt alle körperlichen Qualen zusammen mit Gott und wurde verherrlicht mit ihm in seinem Geiste. Die Mittagsstunde nahte schnell heran, und die Ochsen waren aus Johannes' Gesichtskreis verschwunden. Er blickte nach allen Seiten, aber er konnte sie nirgends sehen, und als er den Pfad erreichte, der zu den umliegenden Feldern führte, sah er in der Ferne, mitten in den Obstgärten, einen Mann stehen. Er kam näher und sah, daß der Mann einer von den Mönchen des nahen Klosters war. Er grüßte ihn, verneigte sich ehrfurchtsvoll und fragte, ob der Mönch vielleicht die Ochsen gesehen hätte. Der Mönch schien seinen Zorn zu unterdrükken und sagte: «Ja, ich habe sie gesehen. Folge mir und ich werde sie dir zeigen.» Als sie das Kloster erreichten, fand Johannes seine Ochsen mit Stricken gebunden in einem Schuppen. Einer der Mönche bewachte sie, und jedesmal, wenn sich einer der Ochsen bewegte, schlug er das Tier mit einem schweren Prügel auf den Rücken. Johannes machte einen verzweifelten Versuch, die hilflosen Tiere loszubinden, aber der Mönch faßte ihn beim Mantel und hielt ihn zurück. Im selben Augenblick wandte er sich dem Kloster zu und rief: «Da ist der verbrecherische Hirte, ich habe ihn gefunden!» Die Priester und Mönche, allen voran der Oberpriester, eilten herbei und umringten Johannes, der völlig verwirrt war und sich wie ein Gefangener vorkam. «Ich habe nichts getan, womit ich verdient hätte, daß man mich wie einen Verbrecher behandelt», sagte Johannes zum Oberpriester. Aber der Oberpriester gab zornig zurück: «Deine Ochsen haben unsere Pflanzungen ruiniert und unsere Weingärten zerstört. Du bist für den Schaden verantwortlich, und daher werden wir deine Ochsen nicht herausgeben, bis du unseren Verlust beglichen hast.»

Johannes protestierte: «Ich bin arm, und ich habe kein Geld. Ich bitte Euch, laßt meine Ochsen frei, und ich schwöre bei meiner Ehre, daß ich sie niemals wieder auf eure Ländereien bringen werde.» Der Oberpriester tat einen Schritt nach vorne, erhob seine Hand zum Himmel und sagte: «Gott hat uns zu Hütern dieses Landes des heiligen Elias bestellt, es ist unsere heilige Pflicht, es mit allen unseren Kräften zu bewachen, denn dieses Land ist heilig, und wie das Feuer wird es jeden verbrennen, der sich an ihm vergeht. Wenn du dich weigerst, für dein Verbrechen gegen Gott einzustehen, dann wird sich das Gras, das deine Ochsen gefressen haben, in Gift verwandeln und sie vernichten!»

Der Oberpriester wandte sich zum Gehen, aber Johannes berührte sein Gewand und bat demütig: «Ich bitte euch im Namen Jesu und aller Heiligen, laßt mich und meine Tiere frei. Seid gut zu mir, denn ich bin arm, und die Kammern des Klosters gehen über vor Gold und Silber. Habt Erbarmen mit meinen armen, alten Eltern, deren Unterhalt von mir abhängt. Gott wird mir vergeben, wenn ich euch Schaden zugefügt habe.» Der Oberpriester blickte ihn mit Strenge an und sagte: «Reich oder arm, das Kloster kann dir deine Schuld nicht vergeben. Drei Denare kaufen deine Ochsen frei.» Johannes flehte: «Ich besitze nicht eine einzige Münze. Habt Mitleid mit einem armen Viehüter, Vater.» Der Oberpriester gab zurück: «Dann mußt du einen Teil deiner Habseligkeiten verkaufen und drei Denare bringen, denn es ist besser, das himmlische Königreich ohne Besitz zu betreten, als den Zorn des heiligen Elias auf sich zu lenken und zur Hölle zu fahren.» Die andern Mönche nickten in Zustimmung.

Nach einem kurzen Schweigen erhellte sich Johannes' Gesicht, und seine Augen leuchteten, frei von Angst und Unterwürfigkeit. Mit erhobenem Kopf sah er den Oberpriester an und wandte sich voll Kühnheit an ihn: «Müssen wirklich die Schwachen ihre armseligen Besitztümer verkaufen, die Grundlage für ihr tägliches Brot, um den Reichtum des Klosters noch mehr zu vergrößern? Ist es gerecht, daß die Armen unterdrückt werden und man ihnen etwas wegnimmt, nur damit der heilige Elias ihren Ochsen ihre harmlosen Untaten vergibt?» Der Oberpriester erhob seine Augen zum Himmel und antwortete mit singender Stimme: «Es steht geschrieben im Buche Gottes, wer im Überfluß hat, dem wird gegeben werden, und dem, der nichts besitzt, dem wird genommen werden.»

Als Johannes diese Worte hörte, wurde er wütend,

und wie ein Soldat, der sein Schwert beim Anblick des Feindes zieht, holte er sein Neues Testament aus der Tasche und rief aus: «So verdreht ihr die Lehren Gottes, ihr Heuchler! So verfälscht ihr das Heiligste, was es im Leben gibt, nur um eure Bosheit zu verbreiten… Wehe euch, wenn der Menschensohn wiederkehrt und euer Kloster zerstört und seine Trümmer zu Tal schleudert und eure Schreine und Altäre in Schutt und Asche legt… Wehe euch, wenn der Zorn des Nazareners sich auf euch richtet und euch in die Tiefen des Abgrunds fegt… Wehe euch, ihr Anbeter des Gottes des Geizes, die ihr schwarzen Haß unter euren Gewändern verbergt. Wehe euch, ihr Widersacher Jesu, die ihr eure Lippen im Gebet bewegt, während eure Herzen von Lust erfüllt sind. Wehe euch, die ihr vor dem Altare auf den Knien liegt, während euer Geist sich gegen Gott empört. Ihr seid verseucht von eurer eigenen Sünde, wenn ihr mich dafür bestraft, daß ich euer Land betrat, Land, das mir und meinen Ahnen gehört. Ihr habt euch über mich lustig gemacht, als ich im Namen Christi um Barmherzigkeit bat. Nehmt dieses Buch und zeigt euren grinsenden Mönchen, ob der Sohn Gottes je sich weigerte, zu vergeben… Lest diese göttliche Tragödie und sagt, wo er nicht von Barmherzigkeit und Güte sprach, sei es in der Bergpredigt oder im Tempel. Vergab er nicht der Ehebrecherin ihre Sünden? Hat er nicht am Kreuz seine Hände ausgebreitet, um die Menschheit zu umarmen? Seht unsere elenden Behausungen an, wo die Kranken auf ihren harten Betten leiden... Seht hinter die Gitter der Gefängnisse, wo Unschuldige die Opfer von Unterdrückung und Ungerechtigkeit sind. Seht die Bettler an, die ihre Hände nach Almosen ausstrecken, gedemütigt und gebrochen an Leib und Seele. Denkt an eure schwer arbeitenden Anhänger, die die Qualen des Hungers erdulden, während ihr ein Leben in Luxus und Gleichgültigkeit führt, im Genuß der Früchte des Feldes und des Saftes der Reben. Ihr habt nie einen Kranken besucht oder einen Mutlosen getröstet oder einen Hungrigen gelabt. Noch habt ihr je dem Wanderer ein Dach angeboten oder dem Lahmen Mitgefühl. Dennoch seid ihr nicht zufrieden mit den Gütern, die ihr unseren Vätern weggenommen habt. Immer noch reckt ihr eure Hände wie Schlangenköpfe, um unter Androhung von Höllenqualen das wenige an euch zu raffen, das eine Witwe in erschöpfender Arbeit erspart hat oder ein armseliger Fellache zusammengelegt hat, um seine Kinder am Leben zu erhalten.»

Johannes atmete tief, dann fügte er mit ruhiger Stimme hinzu: «Ihr seid viele, ich bin allein. Ihr könnt mit mir tun, was ihr wollt. Die Wölfe überfallen das Lamm in der Dunkelheit der Nacht, aber die Blutflecken kleben an den Steinen im Tal, bis der Morgen dämmert, und die Sonne bringt das Verbrechen für alle ans Tageslicht.»

In Johannes' Rede war ein Zauber, der zugleich die

Aufmerksamkeit der Mönche gefangennahm und eine zornige Abwehrstellung in ihren Herzen wachrief. Sie zitterten vor Wut und warteten nur auf den Befehl ihres Oberen, um über Johannes herzufallen und ihn zur Unterwerfung zu zwingen. Das kurze Schweigen war wie die Ruhe nach dem Sturm, der die Gärten verwüstet hat. Schließlich befahl der Oberpriester den Mönchen: «Bindet den Verbrecher, nehmt ihm das Buch weg und schleppt ihn in eine dunkle Zelle, denn wer die heiligen Vertreter Gottes schmäht, wird niemals Vergebung erlangen, weder im Himmel noch auf Erden.» Die Mönche stürzten sich auf Johannes und führten ihn mit Handschellen in ein enges Gefängnis und schlossen ihn dort ein.

Der Mut, den Johannes gezeigt hatte, lag weit jenseits des Begriffsvermögens von jemandem, der an der Unterdrückung und Tyrannei des geknechteten Landes Teil hat – dieses Landes, das im Orient «Braut Syriens» und «Perle aus der Krone des Sultans» genannt wird. In seiner Zelle dachte Johannes über das unnotwendige Elend nach, das durch Ereignisse, wie er sie eben erlebt hatte, über seine Landsleute gebracht wurde. Er lächelte in traurigem Verstehen, und sein Lächeln vermischte sich mit Leid und Bitterkeit. Ein Lächeln, das tief ins Herz geht, die Seele mit würgender Leere erfüllt und für sich allein gelassen in die Augen steigt und hilflos herunterfällt.

Johannes stand in seinem ganzen Stolz da und schaute durch den Fensterspalt auf das sonnendurchglühte

Tal. Er fühlte, wie eine geistige Freude seine Seele umfaßte und süßer Friede von seinem Herzen Besitz ergriff. Sie hatten seinen Körper gefangengenommen, aber sein Geist wanderte frei wie der Wind über den Hügeln und Grasebenen. Seine Liebe zu Jesus war keinem Wandel unterworfen, und die Hände seiner Folterknechte konnten die Freude seines Herzens nicht erschüttern; denn Verfolgung kann dem nichts anhaben, der auf seiten der Wahrheit steht. Starb nicht Sokrates als stolzes Opfer nur einen körperlichen Tod? Wurde nicht Paulus gesteinigt um der Wahrheit willen? Es ist unser inneres Selbst, das uns schmerzt, wenn wir ihm untreu werden, und es bringt uns um, wenn wir es betrügen.

*

Johannes' Eltern wurden von seiner Gefangennahme und der Konfiskation der Ochsen in Kenntnis gesetzt. Johannes' alte Mutter kam ins Kloster, schwer auf ihren Stock gestützt, warf sich vor dem Oberpriester zu Boden, küßte seine Füße und bat um Barmherzigkeit für ihren einzigen Sohn. Der Oberpriester hob seinen Kopf ehrfurchtsvoll zum Himmel und sagte: «Wir wollen deinem Sohn seine Narrheit verzeihen, aber der heilige Elias wird niemandem vergeben, der unbefugt sein Land betrat.» Die alte Frau sah ihn mit tränenerfüllten Augen an, dann nahm sie ein silbernes Medaillon vom Hals, gab es dem Oberpriester und sagte: «Das ist mein kostbarster Besitz, meine Mutter gab es mir als Hochzeitsgeschenk... Wollt ihr es annehmen als Sühne für die Sünde meines Sohnes?»

Der Oberpriester nahm das Medaillon und steckte es in die Tasche. Dann sah er Johannes' alte Mutter an, die seine Hände küßte und ihn ihres Dankes und ihrer Dankbarkeit versicherte. «Wehe diesem sündigen Zeitalter! Geht jetzt, gute Frau, und betet zu Gott für euren verrückten Sohn und bittet Gott, ihm den Verstand zurückzugeben!»

Johannes verließ das Gefängnis und ging ruhig an der Seite seiner Mutter und trieb die Ochsen vor sich her. Als sie ihre armselige Behausung erreicht hatten, führte er die Tiere an die Krippe. Er selbst setzte sich still ans Fenster und betrachtete gedankenvoll den Sonnenuntergang. Einige Augenblicke später hörte er, wie sein Vater seiner Mutter zuflüsterte: «Sara, wie oft habe ich dir gesagt, daß Johannes verrückt ist, und du hast es nicht geglaubt. Jetzt wirst du mir zustimmen nach dem, was du gesehen hast, denn der Oberpriester hat heute dieselben Worte gesprochen, wie ich in vergangenen Jahren.» Johannes fuhr fort, den fernen Horizont und die untergehende Sonne zu betrachten.

★

Ostern kam und zu dieser Zeit war die neuerbaute Kirche in der Stadt Bscherri gerade fertig geworden. Dieser großartige Ort der Verehrung war wie der Palast eines Prinzen, der inmitten der Hütten armer Untergebener stand.

Die Menschen waren mit eiligen Vorbereitungen beschäftigt, um den Prälaten zu empfangen, der ausersehen war, den Gottesdienst zur Einweihung des neuen Gotteshauses zu halten. Die Menge stand in dichten Reihen an der Straße und erwartete die Ankunft Seiner Gnaden. Die Gesänge der Priester zusammen mit dem Klang der Zimbeln und die Hymnen der Gläubigen erfüllten die Luft.

Schließlich kam der Prälat auf einem wunderschönen Pferd einhergeritten, der Sattel war mit Gold beschlagen. Als er abstieg, begrüßten ihn die Priester und staatlichen Machthaber mit den prächtigsten Willkommensreden. Er wurde zum neuen Altar geleitet, wo er sich in kirchliche Gewänder kleidete, die mit Goldfäden verziert waren und geschmückt mit funkelnden Edelsteinen. Er trug eine goldene Krone und ging in einer Prozession rund um den Altar, in der Hand einen juwelenbesetzten Stab. Priester, Kerzenträger und Knaben mit Weihrauchfässern folgten ihm.

Johannes stand in dieser Stunde unter den Fellachen beim Eingang und betrachtete die Szene mit bitteren Seufzern und sorgenvollen Augen, denn es schmerzte ihn, die teuren Gewänder zu sehen, die kostbare Krone, den Stab, die Gefäße und andere Gegenstände unnötiger Verschwendung, während die armen Fellachen, die aus den umliegenden Dörfern zur Feier des Tages herbeigekommen waren, die bitterste Armut erlitten. Ihre zerlumpte Kleidung und ihre sorgenvollen Gesichter sprachen genug von ihrem harten Los.

Die reichen Würdenträger, geschmückt mit Bändern und Abzeichen, standen in gebührender Entfernung und beteten laut, während die Dorfbewohner im Hintergrund der Szene in aufrichtigem Gebet, das aus der Tiefe ihrer gebrochenen Herzen kam, sich an die Brust schlugen.

Die Gewalt jener Würdenträger und Machthaber war wie die immergrünen Blätter der Pappeln; das Leben der Fellachen glich einem Boot, dessen Steuermann vom Schicksal ereilt worden war, dessen Segel vom heftigen Wind zerrissen waren und das den wilden Tiefen und dem rasenden Sturm ausgeliefert war. Tyrannei und blinde Unterwerfung... welche der beiden bedingt das andere? Ist es die Tyrannei, die wie ein starker Baum nicht auf seichtem Grund wächst? Ist es die Unterwerfung, die wie ein verlassenes Feld ist, auf dem außer Dornen nichts gedeihen kann? Solche Gedanken und Überlegungen mischten sich in Johannes' Gebete, als die Zeremonien stattfanden. Er schlug seine Arme um seine Brust aus Angst, sie möchte zerspringen vor Schmerz über das Los des Volkes in dieser Tragödie der Gegensätze.

Er betrachtete die verwelkenden Geschöpfe der Menschheit, deren Herzen ausgetrocknet waren und deren Samen am Busen der Erde Zuflucht suchten, so wie notleidende Pilger Wiedergeburt suchen in einem anderen Reich.

Als die prunkvolle Schaustellung zu einem Ende kam und die Menge sich anschickte, sich zu zerstreuen, fühlte Johannes in sich eine zwingende Kraft, die ihn dazu trieb, im Namen der Unterdrückten zu sprechen. Er ging bis zum äußersten Ende des Platzes, hob seine Hände zum Himmel, und als die Menge sich um ihn scharte, öffnete er seinen Mund und sagte:

«O Jesus, der du sitzest inmitten eines Kreises von Licht, schenke uns deine Aufmerksamkeit! Blicke auf diese Erde von jenseits der blauen Kuppel und sieh, wie die Dornen die Blumen erstickt haben, die deine Wahrheit pflanzte.

O guter Hirte, das schwache Lamm, das du in deinen Armen getragen hast, ist eine Beute der Wölfe geworden. Dein reines Blut ist in den Tiefen der Erde versickert, die deine Füße geheiligt haben. Diese gute Erde ist von deinen Feinden in eine Arena verwandelt worden, in der die Starken die Schwachen zertreten. Der Schrei der Armen und die Klagen der Hilflosen können nicht mehr von jenen vernommen werden, die auf prunkvollen Sesseln sitzen und dein Wort predigen. Die Lämmer, die du auf diese Erde geschickt hast, haben sich in Wölfe verwandelt, die jene verschlingen, die du getragen und gesegnet hast.

Das Wort des Lichtes, das deinem Herzen entsprang, ist aus den Schriften verschwunden und durch einen leeren und schrecklichen Lärm ersetzt, der den Geist erschreckt.

O Jesus, sie haben diese Kirchen um ihres eigenen Ruhmes willen errichtet und sie mit Seide und geschmolzenem Gold verziert. Die Körper deiner armen Auserwählten aber ließen sie, eingehüllt in zerrissenes Gewand, in der kalten Nacht. Sie füllten die Himmel mit dem Rauch brennender Kerzen und verglühenden Weihrauchs, aber sie füllten nicht die Körper deiner gläubigen Anhänger mit Brot. Sie erhoben ihre Stimmen zu Hymnen des Lobes, aber sie verschlossen ihre Ohren der Klage und dem Rufen der Witwen und Waisen.

Komm wieder, o lebendiger Jesus, und treibe die Händler deines Glaubens aus deinem heiligen Tempel, denn sie haben ihn in eine dunkle Höhle verwandelt, wo die Schlangen der Heuchelei und der Falschheit in Massen herumkriechen.»

Johannes' Worte, mächtig und wahr, wie sie waren, riefen ein zustimmendes Raunen hervor, und das Herannahen der Würdenträger nahm ihm nicht den Mut. Mit doppelter Kraft, bestärkt durch seine Erfahrung von früher, fuhr er fort: «Komm, o Jesus, und laß diese Cäsaren Rechnung ablegen. Ungerechtfertigt nehmen sie von den Schwachen, was der Schwachen ist, und von Gott, was Gottes ist. Der Weinstock, den du mit deiner rechten Hand gepflanzt hast, ist zerfressen von den Würmern der Habgier, und seine Schößlinge sind zertreten worden.

Deine Söhne des Friedens sind untereinander in Gruppen gespalten und bekämpfen einander, und sie lassen arme Seelen als Opfer auf dem winterkalten Feld zurück. Vor deinem Altar erheben sie ihre Stimmen im Gebet und sagen: ‹Ehre sei Gott in der Höhe und auf Erden Friede den Menschen, die guten Willens sind.› Wird unser Vater im Himmel wirklich verherrlicht, wenn sein Name von leeren Herzen, sündigen Lippen und falschen Zungen ausgesprochen wird? Wird es Frieden auf Erden geben, solange die Kinder des Elends auf den Feldern Sklavendienste leisten, um die Starken zu ernähren und die Bäuche der Tyrannen zu füllen? Wird jemals der Friede kommen, der sie aus den Klauen bitterster Not errettet?

Was ist Friede? Ist er in den Augen jener Kinder, die an den trockenen Brüsten ihrer hungrigen Mütter in kalten Hütten saugen? Oder ist er in den Eingeweiden der Hungrigen, die auf harten Betten schlafen und um einen Bissen jener Nahrung flehen, mit der Priester und Mönche ihre fetten Schweine füttern?

Was ist Freude, o schöner Jesus! Offenbart sie sich, wenn der Emir den starken Arm der Männer und die Ehre der Frauen unter Todesandrohung oder um ein paar Silberlinge kauft? Oder kann man sie in Unterwerfung und Versklavung von Leib und Seele sehen, wenn wir uns denen unterwerfen, die goldene Abzeichen und glitzernde Diademe tragen? Für jede unserer Klagen, die wir an deine Unterhändler richten, belohnen sie uns mit ihren Soldaten, die mit Schwertern und Speeren bewaffnet sind, um unsere Frauen und Kinder zu zertreten und unser Blut zu stehlen.

O Jesus, voll Liebe und Barmherzigkeit, strecke deine starken Arme aus und behüte uns vor diesen Dieben, oder sende uns den willkommenen Tod und geleite uns zu unseren Gräbern, wo wir in Frieden ruhen können in der Hut deines Kreuzes. Dort werden wir auf deine Wiederkunft warten. O mächtiger Jesus, dieses Leben ist nichts als eine dunkle Zelle der Unterjochung. Es ist ein Tummelplatz für schreckliche Geister und eine Grube, belebt von den Gespenstern des Todes. Unsere Tage gleichen scharfen Schwertern, verborgen unter den zerlumpten Decken unserer Betten in der angsterfüllten Dunkelheit der Nacht. Am Morgen erheben sich diese Waffen über unseren Häuptern wie Dämonen und weisen auf unser Leben voller Sklaverei und Peitschenhiebe auf den Feldern.

O Jesus, hab Erbarmen mit den unterdrückten Armen, die heute hierher kamen, um deiner Auferstehung zu gedenken. Hab Mitleid mit ihnen, denn sie sind arm und schwach.»

Johannes' Rede rief bei den einen Zustimmung hervor, andere waren nicht einverstanden. «Er sagt die Wahrheit und vertritt unsere Sache vor dem Himmel», bemerkte einer. Ein anderer sagte: «Er ist behext, er spricht im Namen des bösen Geistes.» Ein dritter äußerte: «Niemals haben wir solch niederträchtige Rede vernommen, nicht einmal von unseren Vätern. Wir müssen dem ein Ende setzen.» Ein vierter flüsterte seinem Nachbarn ins Ohr: «Ich fühlte einen neuen Geist in mir erwachen, als ich seiner Rede lauschte.» Der nächste fügte hinzu: «Aber die Priester wissen besser, was uns nottut als er. Es ist eine Sünde, an ihnen zu zweifeln.» Als die Stimmen von allen Seiten anschwollen wie das Rauschen des Meeres, näherte sich einer der Priester, nahm Johannes in Gewahrsam und überantwortete ihn auf der Stelle dem Gesetz, worauf Johannes in den Palast des Gouverneurs zum Prozeß geführt wurde.

Während seines Verhörs gab Johannes nicht ein Wort von sich, denn er wußte, daß auch der Nazarener im Schweigen Zuflucht vor seinen Verfolgern genommen hatte. Der Gouverneur befahl, daß Johannes ins Gefängnis geworfen werde. Dort schlief er friedlich und reinen Herzens in dieser Nacht, seinen Kopf an die Felsenwand des Verließes gelehnt.

Am nächsten Tag kam Johannes' Vater und bezeugte vor dem Gouverneur, daß sein Sohn verrückt war, und fügte traurig hinzu: «Viele Male habe ich gehört, wie er zu sich selbst sprach von vielen seltsamen Dingen, die niemand sehen oder verstehen konnte. Oft saß er in der Stille der Nacht und sprach in schattenhaften Worten. Ich hörte, wie er die Geister herbeirief mit der Stimme eines Zauberers. Ihr könnt die Nachbarn fragen, die mit ihm gesprochen haben und nicht daran zweifeln, daß er verrückt ist. Nie gab er Antwort, wenn man ihn ansprach, und wenn er redete, dann äußerte er geheimnisvolle Worte und Sätze, die den Zuhörern unbekannt waren und nicht zum Gespräch paßten. Seine Mutter kennt ihn gut. Oft beobachtete sie, wie er mit glänzenden Augen den fernen Horizont anstarrte und mit der Leidenschaft eines Kindes über Bäche, Blumen und Sterne sprach. Fragt die Mönche, deren Lehren er zur heiligen Fastenzeit verspottete. Er ist verrückt, Euer Exzellenz, aber er ist sehr gut zu mir und seiner Mutter. Er tut viel, um uns im Alter zu helfen, er arbeitet fleißig, um uns zu ernähren, uns zu wärmen und uns am Leben zu erhalten. Habt Nachsicht mit ihm und seid barmherzig mit uns.»

Der Gouverneur ließ Johannes frei, und die Neuigkeit, daß er verrückt sei, verbreitete sich wie ein Lauffeuer im Dorf. Wenn die Menschen von Johannes sprachen, nannten sie seinen Namen mit Lachen und Spott. Die Mädchen betrachteten ihn mit traurigen Augen und sagten: «Die Wege Gottes sind oft seltsam. Der Himmel hat Schönheit und Wahnsinn in diesem Jüngling vereinigt und die freundliche Helligkeit seiner Augen mit der Dunkelheit seiner verborgenen Seele verbunden.»

★

Mitten in den Feldern und Grasländern Gottes, über die Hügel, die mit grünem Gras und bunten Blumen bedeckt sind, wandelt Johannes' Geist ruhelos und allein. Und er sieht wie die Ochsen grasen, unbehelligt von der Not der Menschen. Mit tränenerfüllten Augen blickt er auf die Dörfer zu beiden Seiten des Tales und wiederholt mit tiefen Seufzern: «Ihr seid viele, und ich bin allein. Die Wölfe überfallen das Lamm in der Dunkelheit der Nacht, aber die Blutflecken kleben an den Steinen im Tal, bis der Morgen dämmert, und die Sonne bringt das Verbrechen für alle ans Tageslicht.»

DAS EHRGEIZIGE VEILCHEN

Es war einmal ein schönes, wohlriechendes Veilchen, das friedlich unter seinen Freunden wohnte und sich glücklich mit den anderen Blumen in einem abgelegenen Garten wiegte. Eines Morgens – seine Krone war mit Tautropfen verziert – hob es seinen Kopf und sah um sich. Es erblickte eine hübsche Rose, die stolz dastand und hoch in den Himmel reichte, so wie eine brennende Fackel auf einer smaragdfarbenen Leuchte.

Das Veilchen öffnete seine blauen Lippen und sagte: «Was bin ich doch für ein unglückseliges Geschöpf unter diesen Blumen, und wie niedrig ist die Stellung, die ich unter ihnen einnehme. Die Natur hat mich kurz und arm gemacht. Ich lebe nahe der Erde und kann meinen Kopf nicht zum blauen Himmel erheben oder mein Gesicht der Sonne zuwenden, wie es die Rosen tun.»

Als die Rose die Worte ihrer Nachbarin vernahm, lachte sie und meinte: «Wie seltsam ist deine Rede! Du bist glücklich, und dennoch bist du nicht imstande, dein Glück zu verstehen. Die Natur hat dich mit einem Duft und einer Schönheit beschenkt, die sie niemand anderem gewährte. Vergiß deine Gedanken, sei zufrieden und bedenke, daß, wer sich selbst erniedrigt, wird erhöht werden, wer sich aber selbst erhöht, wird zermalmt werden.»

Das Veilchen gab zur Antwort: «Du hast leicht reden, denn du besitzest, wonach ich verlange... Du suchst mich zu verbittern in der Meinung, du seiest großmütig... Wie schmerzhaft ist die Predigt des Glücklichen für das Herz des Unglückseligen! Wie streng ist doch der Starke, wenn er als Ratgeber unter Schwachen steht!»

★

Die Natur hörte das Gespräch zwischen dem Veilchen und der Rose. Sie trat hinzu und sagte: «Was ist dir geschehen, meine Tochter Veilchen? Du warst immer bescheiden und süß in all deinen Taten und Worten. Hat die Gier Eingang in dein Herz gefunden und deine Sinne verdunkelt? Das Veilchen antwortete ihr mit einem Ton der Verteidigung in der Stimme und sagte: «Große und barmherzige Mutter, voll der Liebe und Sympathie, ich bitte dich von ganzem Herzen, mir meine Bitte zu gewähren und mir zu erlauben, einen Tag lang eine Rose zu sein.»

Die Natur antwortete: «Du weißt nicht, was du dir wünschst. Du bist dir nicht bewußt, welche Katastrophe sich hinter deinem blinden Ehrgeiz verbirgt. Wenn du eine Rose bist, wird es dir leid tun und nutzlose Reue wird dich befallen.» Das Veilchen aber bestand auf seinem Wunsch: «Verwandle mich in eine große Rose, denn ich möchte mein Haupt mit Stolz emporheben. Und egal, was mein Schicksal sein wird, ich werde dafür verantwortlich sein.» Die Natur gab nach und sagte: «Unwissendes und rebellisches Veilchen, ich will dir deine Bitte gewähren. Aber wenn Unglück über dich kommt, mußt du dich bei dir selbst beklagen.»

Die Natur streckte ihre geheimnisvollen Zauberhände aus und berührte die Wurzeln des Veilchens. Augenblicklich verwandelte sich das Veilchen in eine große Rose und war höher als alle anderen Blumen des Gartens.

Zur Abendzeit wurde der Himmel schwer mit schwarzen Wolken, und die aufgebrachten Elemente störten die Ruhe des Lebens mit ihrem Donner. Sie begannen den Garten anzugreifen, indem sie großen Regen und starken Wind auf ihn losließen. Der Sturm riß die Äste von den Bäumen, entwurzelte die Pflanzen, brach die Stämme der großen Blumen und schonte nur die kleinen, die nahe der freundlichen Erde wuchsen. Der abgelegene Garten litt schwer unter dem Angriff des kriegslustigen Himmels, und als sich der Sturm beruhigte und es aufklarte, lagen alle Blumen verwüstet da, und keine von ihnen war dem Zorn der Natur entkommen mit Ausnahme einer Gruppe kleiner Veilchen, die sich an der Gartenmauer versteckten.

★

Eines der Veilchenmädchen hob seinen Kopf und be-
trachtete die Tragödie der Blumen und Bäume.
Dann lächelte es glücklich und rief seinen Gefährtin-
nen zu: «Schaut, was der Sturm den hochmütigen
Blumen getan hat!» Ein anderes Veilchen sagte: «Wir
sind zwar klein und leben nahe der Erde, aber wir
sind sicher vor dem Zorn des Himmels.» Das dritte
fügte hinzu: «Weil wir arm an Größe sind, kann uns
der Sturm nichts anhaben.»
In diesem Moment erblickte die Königin der Veil-
chen an ihrer Seite das verwandelte Veilchen, das
vom Sturm zu Boden geworfen worden war und
entstellt auf dem nassen Gras lag wie ein kraftloser
Soldat auf einem Schlachtfeld. Die Königin der Veil-
chen erhob ihr Haupt, rief ihre Familie zusammen
und sagte: «Seht, meine Töchter, und denkt darüber
nach: das hat die Gier einem Veilchen beschert, das
für eine Stunde lang eine stolze Rose war. Laßt diese
Szene für euch ein Mahnmal eures Glücks sein.»
Die sterbende Rose aber bewegte sich, raffte ihre
letzte Kraft zusammen und sagte ruhig: «Ihr seid zu-
friedene und schwache Dummköpfe. Nie habe ich
den Sturm gefürchtet. Gestern noch war auch ich
glücklich und zufrieden mit dem Leben, aber diese
Zufriedenheit war eine Schranke zwischen meiner
Existenz und dem Sturm des Lebens. Sie hat mich in
einem kränklichen und tatenlosen Frieden festgehal-
ten und in einer geistigen Trägheit. Ich hätte dasselbe
Leben leben können wie ihr, die ihr euch in Angst an

die Erde klammert... Ich hätte auf den Winter warten können, der mich mit dem Leichentuch des Schnees bedeckt hätte und mich dem Tode übergeben hätte, der sicher alle Veilchen hinwegraffen wird... Ich bin jetzt glücklich, denn ich bin über meine kleine Welt hinausgegangen und vorgestoßen in das Geheimnis des Universums... und das ist etwas, das ihr nicht getan habt. Es war nicht Gier, die mich getrieben hat. Als ich in die Stille der Nacht hinauslauschte, hörte ich, wie die himmlische Welt zur irdischen folgende Worte sprach: ‹Ehrgeiz über die Grenzen der eigenen Existenz hinaus ist im Grunde der Zweck unseres Daseins.› In diesem Augenblick empörte sich mein Geist, und mein Herz sehnte sich nach einer Stellung, die höher war als meine begrenzte Existenz. Ich begriff, daß der Abgrund den Gesang der Sterne nicht hören kann, und in diesem Moment begann ich mein Kleinsein zu bekämpfen und nach etwas zu verlangen, das nicht zu mir gehörte, so lange, bis sich mein Aufruhr in eine starke Kraft verwandelte und mein Verlangen in schöpferischen Willen. Die Natur, die der Gegenstand unserer tiefen Träume ist, gewährte mir mein Verlangen und verwandelte mich mit ihren Zauberhänden in eine Rose.»

Die Rose verstummte für einen Augenblick, und mit vergehender Stimme, die gemischt war mit Stolz auf die eigene Leistung, sagte sie: «Eine Stunde lang habe ich als stolze Rose gelebt. Eine Zeitspanne lang habe ich gelebt wie eine Königin. Ich habe das Universum mit den Augen einer Rose betrachtet. Ich habe das Flüstern des Himmels mit den Ohren einer Rose vernommen und die Strahlen des Lichtes mit den Blütenblättern einer Rose berührt. Ist jemand hier, der eine solche Ehre für sich in Anspruch nehmen kann?» Nachdem sie so gesprochen hatte, senkte sie ihren Kopf und sprach mit verlöschender Stimme: «Ich werde jetzt sterben, denn meine Seele hat ihr Ziel erreicht. Mein Wissen umfaßt jetzt eine Welt, die jenseits der engen Höhle meiner Geburt liegt. Das ist das Abbild des Lebens... Das ist das Geheimnis der Existenz.» Die Rose erzitterte, faltete langsam ihre Blütenblätter zusammen und tat ihren letzten Atemzug mit einem himmlischen Lächeln auf den Lippen: einem Lächeln der erfüllten Hoffnung und des erreichten Lebensziels, einem Lächeln des Sieges – dem Lächeln eines Gottes.

UNTER DEM GEWAND

Rachel erwachte um Mitternacht und sah aufmerksam auf etwas Unsichtbares an der Decke ihres Zimmers. Sie hörte eine Stimme, beruhigend wie das Flüstern des Lebens, aber schrecklicher als der klagende Ruf des Abgrundes, sanfter als das Schlagen weißer Flügel und tiefer als die Botschaft der Wellen. Sie zitterte vor Hoffnung und Nichtigkeit, vor Freude und Elend, vor Liebe zum Leben und zugleich vor Verlangen nach dem Tod. Dann schloß Rachel ihre Augen, seufzte tief und sagte: «Die Dämmerung hat das äußerste Ende des Tales erreicht. Wir sollten in Richtung zur Sonne gehen und ihr begegnen.» Ihre Lippen standen offen, Abbild und Echo einer tiefen Wunde der Seele.

In diesem Augenblick kam der Priester, ergriff ihre Hand und fand sie kalt wie Eis; und als er hart seine Finger auf ihr Herz legte, mußte er feststellen, daß es unbeweglich war wie die Ewigkeit und stumm wie das Geheimnis seines Herzens. Der ehrwürdige Vater neigte seinen Kopf in tiefer Verzweiflung. Seine Lippen bebten, als ob er ein göttliches Wort aussprechen wollte, das wiederklingen würde bei den Geistern der Nacht in den fernen, verlassenen Tälern.

Nachdem der Priester ihre Arme über der Brust gefaltet hatte, sah er den Mann an, der in einer dunklen Ecke des Raumes saß, und sagte mit freundlicher Stimme: «Die, die Ihr geliebt habt, ist in den Kreis des Lichtes eingetreten. Kommt, mein Bruder, wir wollen niederknien und beten.»

Der Gatte hob schmerzerfüllt seinen Kopf. Er starrte vor sich hin ins Leere. Dann änderte sich sein Gesichtsausdruck, als ob er Verständnis gefunden habe im Geiste eines unbekannten Gottes. Er sammelte sich, stand auf und ging ehrfurchtsvoll an das Bett seiner Frau. Er kniete an der Seite des Geistlichen, der betete, klagte und sich bekreuzigte.

Der Priester legte seine Hand auf die Schulter des Schmerzgebeugten und sagte ruhig: «Geht in den nächsten Raum, Bruder, denn Ihr bedürft der Ruhe.» Dieser stand gehorsam auf, ging in das Zimmer und warf seinen ermüdeten Körper auf ein enges Bett, und einige Augenblicke später war er hinübergeglitten in die Welt des Schlafes, wie ein kleines Kind, das in den barmherzigen Armen der Mutter Zuflucht nimmt.

★

Der Priester blieb wie eine Statue in der Mitte des Raumes stehen, und ein seltsamer Konflikt ergriff von ihm Besitz. Mit tränenerfüllten Augen blickte er zuerst auf den kalten Körper der jungen Frau, dann durch den Vorhang auf ihren Gatten, der sich dem

Bann des Schlafes hingegeben hatte. Eine Stunde, länger als ein Zeitalter und furchtbarer als der Tod, war bereits vergangen, und noch immer stand der Priester zwischen den beiden getrennten Seelen. Die eine träumte, wie eine Wiese nach der Härte des Winters den kommenden Frühling erträumt, die andere schlief in ewiger Ruhe.

Dann trat der Priester ganz nahe an den Leichnam der jungen Frau heran und kniete nieder, als ob er vor einem Altar sein Opfer darbringen wollte. Er hielt ihre kalte Hand, preßte seine zittenden Lippen darauf und sah in ihr Gesicht, das geschmückt war mit dem sanften Schleier des Todes. Seine Stimme war ruhig wie die Nacht, tief wie der Abgrund und gleichzeitig schwankend zwischen allen Hoffnungen der Menschheit. Seine Stimme weinte: «Rachel, du Braut meiner Seele, höre mich. Endlich kann ich sprechen! Der Tod hat meine Lippen geöffnet, so daß ich dir jetzt ein Geheimnis enthüllen kann, größer als das Leben selbst. Der Schmerz hat meine Zunge gelöst, und ich kann dir meine Leiden enthüllen, das größer ist als dieser Schmerz. Höre den Schrei meiner Seele, du reiner Geist, der du schwebst zwischen Himmel und Erde. Schenk deine Aufmerksamkeit dem Jüngling, der auf dich gewartet hat, als du vom Feld kamst, der sich hinter den Bäumen verbarg, aus Angst vor deiner Schönheit. Höre den Priester, der Gott dient und zu dir ruft, ohne sich dessen zu schämen, jetzt, wo du die Stadt Gottes erreicht hast. Ich habe die Stärke meiner Liebe bewiesen, indem ich sie verborgen habe!»

Darauf beugte sich der Priester nach vorn und drückte drei lange, warme, stumme Küsse auf ihre Stirne, Augen und Hals und verströmte dabei das ganze Geheimnis seines Herzens an Liebe und Schmerz und den Kummer von Jahren. Dann zog er sich plötzlich in die dunkle Ecke zurück und fiel in Seelenqual zu Boden, zitternd wie ein Blatt im Herbst, als ob die Berührung ihres kalten Gesichtes in ihm den Geist der Reue wachgerufen hätte. Daraufhin faßte er sich und kniete, das Gesicht in den Händen verborgen, und flüsterte leise: «Gott... vergib mir meine Sünde, vergib mir meine Schwäche, o Herr. Nicht länger konnte ich widerstehen, das zu offenbaren, was du wußtest. Sieben Jahre lang habe ich das Geheimnis tief in meinem Herzen vor den Zungen der Welt verborgen, bis der Tod kam und es mir entriß. Hilf mir, mein Gott, diese furchtbare, schöne Erinnerung zu verbergen; sie bringt die Süße des Lebens, aber Bitterkeit vor dir. Vergib mir, o Herr, vergib mir meine Schwäche.»

Ohne noch einmal den Leichnam der jungen Frau anzusehen, fuhr er fort, zu leiden und zu klagen, bis der Morgen anbrach und einen rosafarbenen Schleier über die Szene breitete: für den einen der beiden Männer fiel das Licht des Tages auf den Konflikt zwischen Liebe und Religion, für den anderen auf den Frieden von Leben und Tod.

VERGIFTETER HONIG

Es war ein Morgen von überwältigender Pracht im Nordlibanon. Die Bewohner des Dorfes Tula standen vor dem Eingang in die kleine Kirche, die inmitten ihrer Behausungen stand. Sie waren damit beschäftigt, die plötzliche und unerwartete Abreise Farris Rahals zu bereden, der seine junge Frau zurückgelassen hatte, mit der er nur ein halbes Jahr verheiratet gewesen war.

Farris Rahal war der Scheich und Anführer des Dorfes, er hatte diese Ehrenstellung von seinen Vorfahren geerbt, die jahrhundertelang in Tula geherrscht hatten. Obwohl er noch nicht einmal siebenundzwanzig Jahre alt war, war er außergewöhnlich fähig und besaß eine Aufrichtigkeit, die ihm die Bewunderung, Ehrerbietung und den Respekt der Fellachen gewonnen hatte. Als Farris Susanne geheiratet hatte, meinten die Leute: «Was für ein glücklicher Mann ist Farris Rahal. Er hat alles erreicht, was das Leben an Glück zu bieten hat und ist doch noch ein Jüngling!»

An jenem Morgen, als sich ganz Tula vom Schlummer erhob und erfuhr, daß der Scheich sein Gold genommen, sein Roß bestiegen und das Dorf verlassen hatte, ohne auch nur jemandem Lebewohl zu sagen, griffen Neugierde und Anteilnahme unter den Bewohnern um sich. Und man fragte sich, was denn der Grund war, daß er seine Frau, sein Heim, seine Ländereien und Weingärten verlassen habe.

★ '

Aufgrund von Tradition und der Beschaffenheit des Landes ist das Leben im Nordlibanon äußerst gesellig, die Menschen teilen Freud und Leid miteinander und fühlen sich instinktiv ihrem Stamm verbunden. Wenn immer etwas geschieht, kommt die Bevölkerung des gesamten Dorfes zusammen, um sich über den Vorfall zu erkundigen, jede nur mögliche Hilfe anzubieten, um daraufhin an die Arbeit zurückzukehren, bis das Schicksal einen neuerlichen Grund zu einer Versammlung bietet.

Solcherart war der Vorfall an jenem Tag, der die Bewohner von Tula von ihrer Arbeit abhielt und bewirkte, daß sie sich vor der Kirche des Heiligen von Tula versammelten, um das einzigartige Verschwinden ihres Scheichs zu bereden.

In diesem Augenblick erschien Vater Stephan, der Vorstand der örtlichen Kirche. In seinen Zügen konnte man unmißverständlich die Anzeichen großen Leides erkennen, die Zeichen einer tief verletzten Seele. Er betrachtete einen Augenblick lang die Szene und ergriff dann das Wort: «Fragt nicht, stellt mir keine Fragen. Heute, bevor der Tag anbrach, klopfte

Scheich Farris an das Tor meines Hauses: Er hielt die Zügel seines Pferdes in der Hand, und auf seinem Gesicht lag schwerer Gram und qualvoller Kummer. Als ich ihn fragte, was ihn zu so ungewohnter Stunde zu mir führe, gab er zur Antwort: ‹Vater, ich komme, um euch Lebewohl zu sagen, denn ich segle über das Meer und will niemals in dieses Land zurückkehren.› Er gab mir ein versiegeltes Kuvert für seinen engsten Freund Nabih Malik mit der Bitte, es ihm zu übergeben. Dann bestieg er sein Roß und verschwand mit großer Geschwindigkeit nach Osten, und ich hatte weiter keine Möglichkeit, den Sinn seiner ungewöhnlichen Abreise zu erfahren.»

Einer der Dorfbewohner meinte: «Zweifellos wird dieses Schreiben uns das Geheimnis seines Weggehens erläutern, denn Nabih ist sein engster Freund.» Ein anderer fügte hinzu: «Habt Ihr seine junge Frau gesehen, Vater?» Der Priester antwortete: «Ich suchte sie nach dem Morgengebet auf und fand sie am Fenster stehend. Sie starrte mit leeren Augen auf etwas Unsichtbares und erschien wie jemand, der allen Verstand verloren hat. Als ich versuchte, sie wegen Farris zu befragen, sagte sie nur: ‹Ich weiß es nicht! Ich weiß es nicht!› Dann weinte sie wie ein Kind, das plötzlich verwaist ist.»

Als der Vater geendet hatte, wurde die Gruppe aufgescheucht durch einen Schuß, der aus der östlichen Dorfhälfte herüberhallte, und in Angst schlossen sich die Menschen enger zusammen. Unmittelbar darauf ertönte das bittere Klagegeschrei einer Frau. Die Menge war vor Schreck einen Augenblick lang wie erstarrt, dann liefen alle, Männer, Frauen und Kinder, zum Schauplatz des Geschehens. Auf ihren Gesichtern lagen Angst und die Vorboten von etwas Furchtbarem. Als sie den Garten erreichten, der die Residenz des Scheichs umgab, wurden sie Zeugen eines grausigen Dramas, in dem auch der Tod seine Rolle hatte. Nabih Malik lag am Boden, das Blut floß in Strömen aus seiner Brust. Neben ihm stand Susanne, die Frau von Scheich Farris Rahal, raufte sich das Haar, zerriß ihr Gewand, warf ihre Arme um sich und schrie wild: «Nabih, Nabih, warum hast du das getan?»

Die Umstehenden waren bestürzt, und es war, als ob die unsichtbare Hand des Schicksals mit eisigen Fingern nach ihren Herzen gegriffen hätte. In der rechten Hand des toten Nabih fand der Priester das Schreiben, das er ihm an jenem Morgen übergeben hatte, und er steckte es geschickt in sein Gewand, ohne daß die aufgeregte Menge es bemerkt hätte.

Nabih wurde zu seiner armen Mutter gebracht. Als sie den Leichnam ihres einzigen Sohnes erblickt, verlor sie im Schock ihren Verstand und folgte ihm bald in die Ewigkeit nach. Susanne wurde langsam nach Hause geleitet, wo sie zwischen Leben und Tod hin- und herschwankte.

Als Vater Stephan sein Haus erreicht hatte, verschloß er seine Tür, setzte seine Brille zurecht und begann mit zitternder Stimme für sich selbst die Botschaft zu lesen, die er aus der Hand des verschiedenen Nabih genommen hatte:

«Mein liebster Freund Nabih,

Ich muß das Dorf meiner Väter verlassen, denn mein längeres Verweilen hier würde Elend für Dich, meine Frau und für mich selbst bringen. Du bist ein edler Geist und verachtest es, Freunde oder Nachbarn zu betrügen. Und obwohl ich weiß, daß Susanne unschuldig und tugendhaft ist, weiß ich auch, daß die wahre Liebe, die Dein Herz mit ihrem verbindet, über Deine Kraft und meine Hoffnung hinausreicht. Ich kann nicht mehr länger gegen den mächtigen Willen Gottes ankämpfen, so wie ich den Lauf des großen Kadischa-Flusses nicht aufhalten kann.

Du warst mein aufrichtiger Freund, Nabih, seit wir als Kinder auf dem Feld gespielt haben. Und vor Gott, glaube mir, bleibst Du mein Freund. Ich bitte Dich, an mich mit wohlwollenden Gedanken in der Zukunft zu denken, so wie Du es in der Vergangenheit getan hast. Sage Susanne, daß ich sie liebe und daß ich ihr ein Unrecht angetan habe, als ich sie mit leeren Versprechungen zur Frau nahm. Sage ihr, daß mein Herz jedesmal in Schmerzen geblutet hat, wenn ich mich in rastlosem Schlaf umwandte und sie in der Stille der Nacht vor Jesu Schrein knien sah, weinend und in Seelenqual an ihre Brust schlagend.

Es gibt keine härtere Strafe für eine Frau als die, wenn sie gefangen ist zwischen einem Mann, der sie liebt, und einem anderen, der ihr in Liebe zugetan ist. Susanne hat ständig an einem furchtbaren Konflikt gelitten, dennoch ist sie sorgfältig ehrsam und still ihren Pflichten als Ehefrau nachgekommen. Sie hat es versucht, aber sie konnte ihre wahre Liebe zu Dir nicht ersticken.

Ich gehe heute fort in ferne Länder und werde niemals zurückkehren, denn ich ertrage es nicht, noch länger das Hindernis einer wahren und ewigen Liebe zu sein, die von Gottes Armen umschlungen ist. Möge Gott in seiner unerforschlichen Weisheit euch beide beschützen und segnen. FARRIS»

Vater Stephan faltete den Brief zusammen und steckte in zurück in seine Tasche. Dann saß er am Fenster, das auf das weite Tal hinausging. Lange und weit segelte er auf dem Meer der Gedanken, und nachdem er eindringlich und gut meditiert hatte, stand er plötzlich auf, als ob er zwischen den Falten seiner verworrenen Gedanken ein feingesponnenes und zugleich furchtbares Geheimnis entdeckt hätte: verkleidet mit teuflischer Schlauheit und verpackt mit sorgfältiger List. Er rief aus: «Was bist du doch scharfsinnig, Farris! Wie gewaltig und doch so einfach ist dein Verbrechen! Du hast ihm Honig, gemischt mit tödlichem Gift, geschickt und dem Tod einen Brief beigelegt! Als Nabih die Waffe auf sein Herz richtete, war es dein Finger, der abdrückte, und es war dein Wille, der seinen Willen in einen Abgrund stürzte. Wie klug du bist, Farris!»

Zitternd kehrte er zu seinem Stuhl zurück, schüttelte seinen Kopf und durchkämmte seinen Bart mit seinen Fingern. Auf seinen Lippen erschien ein Lächeln, dessen Bedeutung furchtbarer war als die Tragödie selbst. Er öffnete sein Gebetbuch und begann zu lesen und nachzugrübeln. Von Zeit zu Zeit hob er seinen Kopf, um das Jammern und Klagen der Frauen zu hören, das aus dem Herz des Dorfes Tula zu ihm herüberdrang, nicht weit von den Heiligen Zedern des Libanon.

DER ABEND DES FESTES

Die Nacht war hereingebrochen. Dunkelheit lag über der Stadt, in den Palästen, Hütten und Geschäften glitzerten die Lichter. Die Menge, gekleidet in festliche Gewänder, bevölkerte die Straßen, und auf ihren Gesichtern lag Festesfreude und Zufriedenheit.

Ich vermied den Lärm der Menge und ging allein in Gedanken an den Mann, dessen Größe sie ehrten, und sann nach über den Gott aller Zeiten, der, in Armut geboren, ehrenhaft gelebt hatte und am Kreuz gestorben war.

Ich dachte an die brennende Fackel, die der Heilige Geist in diesem einfachen Dorf in Syrien entzündet hatte, der Heilige Geist, der durch die Zeiten wandert und eine Zivilisation nach der anderen mit seiner Wahrheit durchdringt.

Als ich den öffentlichen Garten erreicht hatte, setzte ich mich auf eine einfache Bank und ließ meinen Blick durch die nackten Bäume auf die bevölkerten Straßen gleiten. Ich lauschte den Hymnen und Gesängen der Menschen auf dem Fest.

Nach einer Stunde voll tiefer Gedanken blickte ich zur Seite und war überrascht, neben mir einen Mann sitzen zu sehen. In der Hand hielt er einen kurzen

Zweig, mit dem er Figuren in den Sand zeichnete. Ich war erschrocken, denn ich hatte nicht gehört, wie er gekommen war, aber ich sagte zu mir selbst: «Er ist ebenso einsam wie ich.» Als ich ihn genau ansah, stellte ich fest, daß er trotz seiner altmodischen Gewandung und seines langen Haares ein würdevoller Mann war, wohl wert der Aufmerksamkeit. Es schien, also ob er meine Gedanken gelesen hätte, denn er sagte mit tiefer, ruhiger Stimme: «Guten Abend, mein Sohn.»

«Einen guten Abend auch Euch», antwortete ich voll Respekt.

Er wandte sich wieder seinen Zeichnungen zu, während der seltsam beruhigende Tonfall seiner Stimme noch in meinem Ohr nachklang. Ich sprach ihn erneut an: «Seid Ihr ein Fremdling in dieser Stadt?»

«Ja, ich bin ein Fremdling in dieser Stadt wie in allen anderen», gab er zurück. Ich tröstete ihn: «Ein Fremder sollte an solchen Feiertagen vergessen, daß er ein Außenseiter ist, denn die Menschen sind zu dieser Zeit freundlich und großzügig.» Er antwortete müde: «Ich bin in diesen Tagen noch mehr ein Fremdling als an anderen.»

Als er dieses gesagt hatte, sah er auf in den klaren Himmel. Seine Augen betrachteten prüfend die Sterne, und seine Lippen zitterten, als ob er am Firmament das Abbild eines fernen Landes erblickt hätte. Seine seltsame Aussage weckte mein Interesse, und deshalb bemerkte ich: «Das ist jene Zeit des Jahres, in der alle Menschen gut zueinander sind. Die Reichen denken an die Armen, und die Starken haben Mitleid mit den Schwachen.»

Er erwiderte: «Ja, die plötzliche Barmherzigkeit der Reichen mit den Armen ist bitter, und das teilnehmende Gefühl der Starken gegenüber den Schwachen ist nichts als eine Mahnung an ihre Überlegenheit.»

Ich stimmte zu: «Eure Worte sind verdienstvoll, aber die Schwachen kümmern sich nicht darum, was in den Herzen der Reichen vorgeht, und die Hungrigen sind nicht an der Art und Weise interessiert, wie das Brot, nach dem es sie verlangt, geknetet und gebakken wurde.»

Er gab zurück: «Der Nehmende ist nicht achtsam, es ist der Gebende, der sich in acht nehmen muß, daß er in brüderlicher Liebe und freundschaftlicher Hilfe gibt und nicht zum eigenen Wohlgefallen.»

Ich war von seiner Weisheit beeindruckt und begann neuerlich über seine altmodische Erscheinung und seine seltsame Kleidung nachzudenken. Dann kam ich in Gedanken wieder zurück und sagte: «Ihr scheint Hilfe zu brauchen, würdet Ihr einige Münzen von mir annehmen?» Mit einem traurigen Lächeln antwortete er mir: «Ja, ich bin in großer Not, aber nicht Gold und Silber können mir helfen.»

Verwirrt fragte ich: «Was ist Euer Begehr?» – «Ich brauche ein Dach über dem Kopf, einen Ort, wo ich meinen Kopf und meine Gedanken zur Ruhe betten kann.»

«Bitte nehmt diese zwei Denare und geht ins Gast-
haus um eine Unterkunft», bat ich inständig.

Bekümmert antwortete er: «Ich habe es in jedem
Gasthaus versucht und an jede Tür geklopft, aber
vergebens. In jedes Geschäft bin ich gegangen, und
niemand wollte mir helfen. Ich bin gekränkt, nicht
hungrig. Ich bin enttäuscht, nicht müde. Ich suche
kein Dach in dem Sinne, sondern menschliche Wär-
me.»

Ich sagte zu mir selbst: «Was ist das doch für ein selt-
samer Mensch. Einmal spricht er wie ein Philosoph
und dann wieder wie ein Narr!» Als ich diese Gedan-
ken in mir selbst geflüstert hatte, starrte er mich an,
senkte seine Stimme voll Traurigkeit und sagte: «Ja,
ich bin ein Narr, und ein Narr wird immer ein
Fremder ohne Heimat sein und hungrig ohne Essen,
denn das Herz der Menschen ist leer.»

Ich entschuldigte mich bei ihm mit folgenden Wor-
ten: «Meine Gedankenlosigkeit tut mir leid. Wollt
Ihr meine Gastfreundschaft annehmen und in mei-
nem Haus Quartier finden?»

«Ich habe an Eure Tür geklopft und an alle anderen
Türen, tausendmal habe ich geklopft und keine Ant-
wort erhalten», antwortete er ernst.

Ich war nun überzeugt, daß er wirklich verrückt war
und schlug vor: «Laßt uns jetzt gehen, zu mir nach
Haus.» Er hob langsam seinen Kopf und sagte:
«Wenn Ihr wüßtet, wer ich bin, Ihr würdet mich
nicht in euer Haus einladen.»

«Wer seid Ihr?» fragte ich langsam und angsterfüllt.
Mit einer Stimme, die wie das Tosen des Meeres
klang, donnerte er voll Bitterkeit: «Ich bin die Revo-
lution, die aufbaut, was die Völker zerstören. Ich bin
der Sturm, der die Pflanzen entwurzelt, die durch die
Zeiten gewachsen waren. Ich bin gekommen, um
Krieg auf die Erde zu bringen und nicht Frieden,
denn der Mensch ist nur zufrieden, wenn er elend
ist.»
Tränen rannen seine Wangen hinunter, als er sich
hoch aufrichtete, während ein Lichtschein um ihn zu
wachsen begann. Er streckte seine Arme aus, und an
seinen Händen erblickte ich die Wundmale der Nä-
gel. Ich warf mich vor ihm nieder und rief aus: «Jesus
von Nazareth!»
Er aber fuhr fort im Zorne: «Die Menschen feiern zu
meiner Ehre und setzen die Tradition fort, die die
Zeit mit meinem Namen verbunden hat. Ich selbst
aber bin ein Fremdling, der auf dieser Welt uner-
kannt von Ost nach West wandert. Die Füchse haben
ihre Höhlen, die Vögel des Himmels ihre Nester, der
Menschensohn aber hat nichts, wohin er sein Haupt
betten kann.»
In diesem Augenblick öffnete ich meine Augen, er-
hob meinen Kopf und sah um ich. Aber ich fand
nichts als eine Säule von Rauch, die vor mir stand,
und ich hörte nur das Singen der Stille in der dunklen
Nacht, das aus den Weiten der Ewigkeit kam. Ich
sammelte mich und betrachtete erneut die jubelnde

Menge in der Ferne, während in mir eine Stimme sagte: «Die Stärke, die das Herz vor Verletzungen bewahrt, hindert es auch daran, seine wahre Größe zu erreichen. Der Gesang der Stimme ist süß, der Gesang des Herzens aber ist wie eine Stimme vom Himmel.»

Von Khalil Gibran sind bisher erschienen:

Der Prophet
Wegweiser zu einem sinnvollen Leben
72 Seiten. Kartoniert.

Der Narr
Lebensweisheit in Parabeln
47 Seiten. Kartoniert.

Sand und Schaum
Aphorismen
64 Seiten. Kartoniert.

Geheimnisse des Herzens
66 Seiten, Kartoniert.

Das Reich der Ideen
110 Seiten. Kartoniert.

«Gibrans Geburtsort Becharré liegt auf einem kleinen Plateau in den Felsen von Wadi Qadisha. Uneinnehmbar wie eine kleine Festung durch ihre Lage in den Bergen, bewahrten sich in dieser Stadt auch die alten Traditionen, die Sagen und Mythen. Eine altehrwürdige, fast zeitlose Atmosphäre mit dem Gedankengut von Jahrtausenden – das war der geistige

Nährboden, in dem der kleine Khalil aufwuchs. Seine Mutter war Tochter eines maronitischen Priesters, der Vater Viehhändler. Durch den Großvater mit Ritus und liturgischen Handlungen, mit Mythos und religiösem Gedankengut vertraut, war der junge Gibran insbesondere inspiriert durch die großen Zedernhaine unmittelbar neben der elterlichen Wohnung...

Im Schatten der Wolkenkratzer New Yorks hat er den Schatten der Zedern nicht vergessen. In einem Brief an seinen Cousin schreibt er später einmal: ‹Was wir als Kind geliebt haben, bleibt in unserem Herzen bewahrt bis in unser hohes Alter. Das Schönste am Leben ist, daß unsere Seelen stets dort weiterwandern, wo wir einst glücklich und in Übereinstimmung mit uns selbst waren. Ich erinnere mich an jene Orte ungeachtet von Raum und Zeit.›»

Hessischer Rundfunk